나는 왜 똑같은 생각만 할까

나는 왜 똑같은 생각만 할까

데이비드 니븐 지음 | 전미영 옮김

문제의 함정에 빠진 사람들을 위한 창의력 처방

부·키

지은이 데이비드 니븐David Niven 은 심리학자이자 사회과학자이다. 오하이오 주립대학교와 플로리다 애틀랜틱 대학교에서 학생들을 가르쳤다. 그가 쓴 '100가지 간단한 비밀100 Simple Secrets' 시리즈는 미국에서만 100만 부가 넘게 팔렸고, 30여 개 언어로 번역되었다. 국내에 출간된 책으로는 『나이와 함께 행복을 초대하라The 100 Simple Secrets of the Best Half of Life』, 『잘했어를 모르는 아내, 미안해를 못하는 남편The 100 Simple Secrets of Great Relationships』, 『모두가 말하는 성공을 깨면 나만의 성공을 만들 수 있다The 100 Simple Secrets of Successful People』 등이 있다. 홈페이지 www.davidniven.com

옮긴이 전미영은 서울대학교 정치학과와 같은 학교 대학원을 졸업했다. 언론사와 NGO에서 근무한 뒤 현재 전문 번역가로 활동 중이다. 바버라 에런라이크의 『긍정의 배신』, 『희망의 배신』, 『오! 당신들의 나라』를 비롯해 다수의 책을 번역했다.

2016년 5월 13일 초판 1쇄 발행
2017년 6월 12일 초판 5쇄 발행

지은이 데이비드 니븐
옮긴이 전미영
펴낸곳 부키(주)
펴낸이 박윤우
등록일 2012년 9월 27일
등록번호 제312-2012-000045호
주소 03785 서울 서대문구 신촌로3길 15 산성빌딩 6층
전화 02) 325-0846
팩스 02) 3141-4066
홈페이지 www.bookie.co.kr
이메일 webmaster@bookie.co.kr
제작대행 올인피앤비 bobys1@nate.com
ISBN 978-89-6051-547-5 03320

"똑같은 생각과 일을 반복하면서 다른 결과가 나오기를
기대하는 것보다 어리석은 생각은 없다."

— 아인슈타인

골칫거리가 신의 선물로

젊은 영화감독은 엄청난 스트레스에 시달리고 있었다. 제작비는 바닥이 났고 영화사의 인내심도 한계에 달해 있었다.

촬영을 끝낸 후 그날 찍은 영상을 스태프와 함께 확인할 때마다 그의 근심은 점점 깊어졌다. 하루 종일 찍은 필름 중에서 단 한 컷도 건지지 못하는 날도 있었다. 촬영감독 빌 버틀러Bill Butler는 그때를 회상하며 이렇게 말했다. "솔직히 필름을 들여다보면 볼수록 걱정만 늘어났죠. 분명 **문제**가 있었습니다."

문제의 원인은 명확했다. 한마디로 영화의 주인공이 통제 불능이었다. 설상가상으로 이 변덕스러운 주연배우에게는 돈, 치켜세우기, 달래기 등의 일반적인 유인책이 통하지 않았다.

하루치 촬영이 끝날 때마다 스티븐 스필버그는 그날 찍은 필름이 쓰레기통에 처박히는 꼴을 지켜봐야 했다. 이번 영화는 그가 대형 영화제작사와 계약한 첫 작품이었지만, 그의 깜냥으로는 영화를 완성할 수 없을 거라는 영화사 관계자들의 쑥덕거림이 그의 귀에까지 전해졌다. 영화 제작비 **전액**을 단 하나의 소품 제작에 쏟아부었으니 그럴 만도 했다. 스필버그의 첫 작품이자 마지막 작품이 될 거라는 소문이 영화판에 파다했다.

그가 맞닥뜨린 현실은 참담했다. 영화 〈죠스Jaws〉의 주인공 역할을 해야 할 상어 장치는 헤엄조차 치지 못했다. 바다의 고질라가 되어 공포영화 팬들을 사로잡아야 할 상어가 먹잇감을 물어뜯기는커녕 물살을 가르지도 못했다.

상어 장치를 대충 만든 것도 아니었다. 상어(스필버그의 변호사 이름을 따 '브루스'라는 별명으로 불렸다)는 영화 〈해저 2만리〉에 등장하는 거대 오징어를 만든, 바다괴물 특수 제작에서 내로라하는 전문가들의 작품이었다. 압축공기로 작동하는 이 거대한 장치는 45미터 길이의 호스를 통해 바지선에 실린 컴프레서와 연결되어 있었고, 한 무더기의 사람들이 달라붙어 각각의 레버를 조종해 지느러미, 눈, 입을 움직이는 방식이었다. 하지만 우스꽝스러울 만큼 참담한 실패작이었다. 캘리포니아의 수조에서 시험할 때는 괜찮았던 상어가 촬영 장소인 매사추세츠 해변에 도착하자 돌변했다. 시험 가동을 했던 수조의 물은 민물인 데 반해 촬영지의 물은 바닷물이었기 때문이다. 영화 스태프들은 짠물의 독특한 부식 효과에 대한 뼈아픈 교훈을 얻어야 했다. 전기 합선 탓에 상어는 레버 조작과 무관하게 제멋대로 움직이거나 아예 꿈쩍도 하지 않았다. 웬일로 카메라 앞에서 제대로 움직인다 싶으면 금세 어딘가가 망가졌고, 대개는 오작동으로 촬영이 불가능해졌다. 날마다 상어의 여기저기를 수선하고, 부품을 교환하고, 다시 땜질을 해야 했다. 침수로 인한 피해는 상어의 합성 피부에까지 영향을 미쳤다. 잔뜩 부풀어 오른 꼴이 무서운 바다 괴물이 아니라 거대한 마시멜로 같았다.

〈죠스〉 제작자 중 한 명인 빌 길모어Bill Gilmore는 당시를 돌아보며 "실패, 실패, 끝없는 실패의 연속"이었다고 말했다. 해양학자 역을 맡았던 리처드 드라이퍼스Richard Dreyfuss는 큐 사인이 떨어지기 직전, 소란스러웠던 촬영장이 갑자기 적막에 휩싸였던 순간을 생생히 기억했다. 들리는 건 워키토키에서 나는 찍찍거리는 소음과 불안에 떠는 스태프들의 목소리뿐이었다. "상어가 움직이질 않습니다……. 상어가 움직이지 않아요."

상어는 상태가 최상일 때조차 굉음을 내며 느릿느릿 움직였다. 〈죠스〉의 촬영기사였던 마이클 채프먼Michael Chapman은 이렇게 회상했다. "상어가 덮치기 전에 물에서 천천히 걸어 나와 몸을 말린 뒤에 샌드위치까지 먹을 수 있을 정도였죠."

수개월 동안 수백만 달러를 쏟아붓고, 최고의 전문가들을 동원했음에도 불구하고 상어 영화를 선보일 기회의 문은 스필버그의 눈앞에서 빠르게 닫히고 있었다. 무엇보다 주연배우인 상어를 찍을 수가 없었다.

망가진 거대한 백상어는 스필버그에게 크나큰 과제였고, 그에게 남은 건 내키지 않는 대안들뿐이었다. 돈과 인력 등 동원할 수 있는 모든 자원을 투자하여 상어를 수리한다면? 곧 돈도 시간도 한계에 달할 테고 영화는 미완성으로 막을 내릴 게 뻔했다. 망가진 상어를 포기하고 처음부터 다시 시작한다면? 첫 번째 상어보다는 나은 상어를 만들 순 있겠지만 제작사에서 허락할 리 없었다. 죽이 되든 밥이 되든 현재의 상어 장치로 계속 영화를 찍는다면? 투명 와이어 같은 것을 동원해 수습하는 식의 땜질 처방으로 해결될 일이 아니었다. 간신히 영화를 완성한다 해도 스필버그의 야심 찬 메이저 감독 데뷔작은 사상 최악의 영화로 꼽히는 〈50피트 여인의 습격〉과 어깨를 나란히 하며 그의 장래를 암흑 속으로 밀어 넣고 말 터였다.

이 책은 바로 이와 같은 경우, 즉 문제가 생겼을 때에 관한 책이다. 문제가 생겼을 때 우리는 대개 문제 속으로 점점 더 깊이 빠져든다. 문제를 기준으로 만사를 규정하고, 해결책을 모색할 때도 문제가 규정한 테두리 안에 갇힌다. 여러 각도에서 문제를 뜯어보지만 어떻게 대응해도 또 다른 실패를 낳을 뿐이라는 결론에 도달하고 만다. 태양만 응시하면서 넓게 펼쳐진 하늘을 보지 못하는 것처럼, 문제만 뚫어지게 쳐다보기 때문에 다른 것은 전혀 보지 못하며 해답에는 더더욱 눈길이 가닿지 않는다.

스티븐 스필버그는 그렇지 않았다. 문제만 쳐다보지 않았다.

원래 〈죠스〉의 첫 장면은 헤엄치는 사람을 습격하는 상어를 클로즈업으로 보여 주는 것이었고, 그 밖에도 상어는 스토리보드 곳곳에 빠짐없이 등장했다. 기술적 결함이 많은 엉성한 장치로는 영화를 완성할 수 없는 상태였지만 스필버그는 실패작 상어를 재구성의 기회로 삼았다. 망가진 상어를 어설프게 수리하거나 거절당할 게 뻔한 돈과 시간을 구걸하는 쪽을 택하지 않고 자신이 맞닥뜨린 상황을 근본적으로 뒤엎었다.

"이렇게 생각했죠. '앨프리드 히치콕이라면 어떻게 했을까?'" 스필버그는 말했다. "〈고질라〉 대신 히치콕 영화를 떠올려 봤어요. 수평선에 여러 가지를 배치해 화면을 어지럽히고, 물속에 잠긴 자기 발을 볼 수 없도록 만들자는 생각이 떠올랐습니다. 선헤엄을 치고 있는데 허리 아래가 전혀 보이지 않는 거죠. 거기엔 도대체 무엇이 있을까? 보이지 않는다는 건 정말로 무서운 것이거든요."

생각을 바꾸자 해결책이 보였다. **상어가 나오지 않는** 상어 영화를 만들자.

스필버그는 상어 몸체의 일부만 수면 위로 살짝 드러나게 하고, 불길하고도 강렬한 인상을 남기는 존 윌리엄스John Williams의 음악으로 제지할 수 없는 끔찍한 공격을 예고했다. 상어의 존재를 슬쩍슬쩍 비춤으로써 위협적인 괴물의 존재감을 과시하는 방식이었다.

실제로 상어는 영화가 시작되고 81분이 지나서야 전체 모습을 드러냈다. 스필버그는 말했다. "눈에 보이는 게 적을수록 오히려 더 많은 걸 보게 됩니다. 영화에 관객의 집단적 상상력이 더해지는 거죠. 관객의 상상력 덕분에 그 영화는 성공을 거뒀습니다."

리처드 드라이퍼스는 이렇게 경의를 표했다. "스필버그는 즉석에서 전혀 다른 촬영 방식을 창안했어요. 상어의 존재를 **암시하는** 것이었죠. 그게 평범한 영화를 위대한 영화로 탈바꿈시켰습니다."

관객과 비평가들도 감탄을 금치 못했다. 영화비평가 프랭크 리치 Frank Rich 는 스필버그를 천재 감독이라고 치켜세우면서 "〈죠스〉에서 가장 섬뜩한 장면은 상어가 등장하지 않는 장면들"이라는 점에 주목했다. 〈죠스〉는 기록적인 흥행 성적을 거뒀고, 그때부터 할리우드는 여름철 블록버스터를 중심으로 흥행 계획을 세우게 되었다. 이후 〈죠스〉의 명성은 세월이 흐를수록 더욱 높아져 미국 영화연구소 AFI 는 〈죠스〉를 역대 최고 영화 중 하나로 선정했고, 미 의회도서관은 영구 보존 문화유산으로 지정했다.

제작사도 이류 공포영화로 간주했던 작품이 보여 준 이러한 성과에 놀라움을 금치 못했다. 그해 여름 흥행 기대작으로 꼽히던 〈에어포트 1975〉와 〈힌덴부르크〉에 신경 쓰느라 〈죠스〉에는 별 기대를 걸지 않았던 터였다.

앞서 말했듯 이 책은 문제에 관한 책이다. 하지만 해답에 관한 책이기도 하다는 점을 더 강조하고 싶다. 앞으로 보게 되겠지만, 과학은 '먼저 문제에 주의를 기울인다면, 이후에 취할 행동을 문제가 온전히 규정하도록 내버려 둔다면 십중팔구 실패하게 된다'는 명쾌한 설명을 제공한다. 일단 문제를 옆으로 밀쳐 두고 해답을 모색해야 한계를 뛰어넘을 수 있다. 실제로 성공 스토리 전체에서 보면 문제 그 자체를 해결하는 것은 각주 정도에 불과하다. 스필버그에게 왜 처음부터 상어 장치를 제대로 만들지 못했느냐고 추궁하는 사람은 아무도 없다.

문제가 아니라 해결책에 초점을 맞춘다는 건 지극히 간단해 보여도 실은 매우 포착하기 어려운 경로다. 우리가 살면서 얻은 모든 교훈들과 어긋나기 때문이다. 우리가 배워 온 모든 것들, 우리가 가진 모든 선천적인 충동들, 우리가 힘들 때 의지하는 모든 것들이 입을 모아 말한다. 큰 문제에 부딪히면 시간과 에너지와 관심을 거기에 집중하고, 더 열심히 일하고 더 깊이 파고들면서 온 힘을 다해 싸우라고 한다. 하지만 스필버그가 그렇게 했더라면 그의 상어와 영화는 곧바로 바다 밑바닥으로 가라앉고 말았을 것이다.

일터에서, 집에서, 인생에서 당신을 괴롭히는 것이 무엇이든 문제만 뚫어지게 쳐다보는 데서 벗어나 해법 찾기에 나선다면 그 문제를 해결할 수 있다. 과학을 통해, 심각한 문제에 직면했던 이들의 경험을 통해 배우도록 하자. 초점을 바꾸면 문제 자체도 전처럼 두렵지 않을 것이다. 스티븐 스필버그는 이렇게 말했다. "쓸모 없는 상어 장치가 신의 선물이었습니다."

문제는 밀쳐 버려라

호박벌이 몸의 구조상 자신이 하늘을 날 수 없다는 사실을 알게 된다면 어떤 일이 벌어질까? 녀석은 땅에 주저앉은 채 자신의 뚱뚱한 몸을 한탄할 테고, 다시는 하늘로 날아오르지 못할 것이다.

1934년 곤충학자 앙투안 마냥 Antoine Magnan 은 호박벌이 날아다니는 것은 물리법칙에 어긋난다고 결론지었다. 하지만 그 사실을 굳이 녀석들에게 알려 줄 필요는 없었고, 지금도 호박벌들은 아무 문제없이 잘 날아다니고 있다.

문제가 우리의 생각을 오염시키는 방식은 다양하다. 하지만 기본 방정식은 단순하다. 문제가 우리의 존재를 규정하도록 한다면, 문제가 우리의 지침이 되도록 내버려 둔다면 문제는 우리가 할 수 없는 것들을 알려 줄 것이다. 너는 이것을 할 수 없어. 너는 저것도 할 수 없어. 결국 우리의 삶은 부정과 결핍으로 가득 차게 된다.

문제는, 제아무리 중요하고 결정적인 것이라 해도, 생각의 핵심에 놓여서는 안 된다.

문제는 장애물이다. 장애물을 치워야만 생각하고 행동하는 사람으로, 다시 말해 인간으로 살아갈 수 있다. 분야를 막론하고 위대한 진보가 이루어진 과정을 생각해 보자. 위대한 일, 생각, 제품, 이야기, 치료법이 어떻게 탄생했는지 생각해 보자. 누군가가 장애물을 해체했기에 위대한 그 무엇이 가능해지지 않았던가? 문제는 장애물이다. 치워 버려야 한다. 그렇지 않으면 문제가 우리를 치워 버린다. 호박벌처럼 문제를 무시해야 한다.

문제를 내버려 둬야 하는 이유

우승 확률을 예측하는 오즈메이커들oddsmakers에 따르면 그의 우승 배당은 300배였다. 그만큼 그의 우승 가능성은 희박했다. 그러나 브리티시 오픈 개막 2주 전에 간신히 출전권을 따낸 신인 골퍼 벤 커티스Ben Curtis는 본선에 진출했다는 것만으로도 기뻐했다.

그가 주목받지 못한 데에는 그만한 이유가 있었다. 2003년 브리티시 오픈에 출전했을 당시 벤 커티스는 메이저 골프 대회에서 우승했던 경험은커녕 25위 안에 들어 본 적도 없었다. 그 자신도 배당률로 표현된 평가에 고개를 끄덕였다. 그는 경험을 쌓기 위해 대회에 참가했을 뿐이며, 까다롭기로 유명한 코스에서 훌륭한 선수들과의 시합을 즐기면서 최선을 다하겠다고 말했다.

미국 오하이오 주의 촌구석에서 올라와 과분한 무대에 선 기쁨을 솔직하게 드러낸 그의 모습에 팬들과 비평가들은 같이 기뻐해 주었다. 그러나 커티스가 72번 홀에서 8피트 퍼팅을 성공시켜 브리티시 오픈 우승컵인 클라레 저그Claret jug를 들어 올리자 그들의 기쁨은 경악으로 바뀌었다. 신인이 메이저 대회 첫 출전에서 우승을 차지한 것은 1913년 US 오픈 이후 무려 90년 만의 일이었다.

대회가 벌어진 그 주말에 커티스의 인생은 완전히 바뀌었다. 무명 선수가 골프 황제들과 어깨를 나란히 하게 되었고, 그의 말마따나 "동화 같은 삶"이 눈앞에 펼쳐졌다. 개인적으로 축하를 전하고 싶다는 대통령의 요청을 받고 백악관 방문을 위해 일정을 조정하는 입장이 되었다. 메이저 대회 우승자에게 주어지는 포상으로, 일정 기간 예선을 거치지 않고 원하는 대회에 참가할 수 있는 '골든 티켓'도 손에 쥐었다.

2011년은 커티스의 우승자 출전권이 만료되는 해였다. 커티스는 5년 전 PGA 투어에서 우승한 것을 끝으로 줄곧 내리막을 걷는 중이었고, 프로 골퍼 자격을 유지하기에 급급한 형편이었다.

2012년 시즌을 앞두고 커티스는 투어 출전 자격을 유지하기 위해 필사적으로 노력했다. 그런 절박함이 그를 옭아맸다. "코스로 걸어 들어갈 때마다 혼잣말을 했습니다. '자, 어떻게 하면 참담한 실패를 맛보지 않을 수 있을까?'"

실수하지 않는 것이 그의 유일한 목표였다. "필드에 서면 보기나 더블보기를 범하지 않으려고 무던히도 애를 썼습니다. 결과는 어김없이 보기나 더블보기였죠."

실수를 피하려는 노력은 더 많은 실수로 이어졌다.

"제가 했던 행동, 제가 생각했던 방식이 제게 더 많은 압력을 가했습니다. 불필요한 압력이 더 심해질 뿐이었어요."

게다가 이전 홀에서 범한 실수를 다음 홀에 가서도 떨쳐 버리지 못했다. "두 홀 앞에서의 실수를 계속 머릿속에서 되뇌었습니다. 다음 홀에 가서도 앞서 파 퍼팅을 놓쳤던 것만 계속 생각했어요. 가끔 좋은 기록을 낼 기회가 와도 어차피 실수를 하고 말 거라는 생각부터 들었습니다."

문제만 뚫어지게 바라보고 있었기 때문에 커티스에게는 빠져나갈 구멍이 없었다. 스필버그가 망가진 상어 장치에만 몰두했더라면 빠졌을 법한 진창 속에서 그는 옴짝달싹하지 못했다. 그러다가 다행히도 바닥을 쳤다.

어느 대회에서도 결승전에 진출하거나 우승하지 못했던 탓에, 2011년 시즌이 끝나자 그의 PGA 투어 출전권은 조건부로 변경되었다. 2012년에 골프 토너먼트에 참가하려면 스폰서들로부터 초청장을 받아야만 했다. 같은 처지의 골퍼 50~100명 가운데 출전권을 받는 것은 8명뿐이었다. 커티스는 몇 주 동안이나 전화기 옆을 떠나지 못하고 대회 주최 측의 연락을 기다렸다.

운 좋게도 커티스는 2012년 시즌에 참가할 수 있었다. 그런데 애타게 전화를 기다리던 그 몇 주 사이에 내면에서 뭔가 변화가 일어났다. 그를 짓눌렀던 압력이 돌연히 사라진 것이다. 애써 지켜야 할 자격이 없어지자 라운드를 망칠 수도 있다는 생각이 전처럼 두렵지 않았다. 그는 아무 생각 없이 다시 골프를 치기 시작했다.

2012년 시즌 개막 후 넉 달 뒤, 커티스는 네 번째로 참가한 대회에서 2000일 이상 이어졌던 무관의 흐름에 드디어 마침표를 찍었다. 텍사스 오픈에서 우승을 차지해 전업 프로 선수 자격을 회복한 것이다.

"골프란 게 그렇더군요." 커티스는 말했다. "내버려 두면 그쪽에서 슬쩍 다가와서 깜짝 놀라게 합니다."

왜 그들은 똑같은 것만 생각했을까

당신은 공대 고학년생이다. 당신과 과 친구들은 지금 제품 디자인을 스케치하는 쪽지시험을 앞두고 있다. 과제 발표를 기다리며 당신은 두 손을 비빈다. 어떤 과제가 주어지든 멋진 결과물을 내놓을 자신이 있다. 종이의 구김을 펴고, 제도용 연필을 가지런히 놓는다.

과제가 발표된다. 차량용 자전거 거치대를 디자인하라고 한다. 다양한 요구사항이 있지만, 핵심은 차량에 쉽게 부착 가능하고 자전거를 올려 두기에 편한 거치대를 만드는 것이다.

시험관이 시판되고 있는 차량용 거치대를 보여 준다. 자동차 지붕 위에 자전거를 싣는 형태의 비효율적인 거치대다. 차량 지붕을 가로지르는 금속제 튜브에 자전거 바퀴를 끼우도록 되어 있다. 시험관은 시판되고 있는 모델은 자동차 지붕에 자전거를 고정시키기가 매우 어렵다고 콕 찍어 지적한다. 또 아주 키가 크고 힘이 센 사람이 아니면 튜브에 자전거 바퀴를 끼우기가 거의 불가능하다고 설명한다.

이제 요구 사항에 맞춰 최대한 여러 종류의 디자인을 내놓으면 된다. 주어진 시간은 한 시간. 시험이 시작된다.

당신은 자전거와 자동차에 관해, 각각의 형태와 크기에 관해 생각한다. 자전거를 들어 올려 자동차에 싣는 사람들에 관해서도 생각한다.

당신이 꿈꾸는 것은 평범한 엔지니어가 아니다. 단순히 합격 판정을 받는 데 그칠 디자인을 내놓을 생각은 없다. 목표는 최고가 되는 것이다.

당신은 연필을 쥐고 작업을 시작한다. 재료, 형태, 접근법에 얽매이지 않고 자유롭게 자전거 거치대를 디자인하면 된다. 당신은 종이를 빙글 돌려 본다. 사물을 다른 각도에서 보기 위해서다. 연필이 종이 위를 달리기 시작한다.

그런데 한 가지 이미지가 당신의 마음에 달라붙어 떨어지지 않는다. 차량 지붕에 부착한 튜브로 자전거를 고정시키는 그 모델, 여러 가지 단점이 있다는 설명을 들었던 그 모델이 계속 생각난다.

당신이 처음 그린 스케치는 그것을 빼닮았다. 두 번째 스케치도 마찬가지다. 이것저것 계속 시도를 해 보지만 당신의 디자인은 차량 지붕 위에 부착된 튜브형 거치대에서 벗어나지 못한다. 고객이 미국프로농구협회NBA 선수들이라면 딱 좋긴 하겠지만.

당신이 그 결함 있는 디자인의 변형을 잇달아 만들어 내는 동안, 당신은 몰랐지만 옆 교실에서는 다른 공대생들이 자전거 거치대를 디자인하고 있었다.

차이점은, 그들에게는 나쁜 디자인이 제시되지 않았다는 것이다. 차량의 지붕 중앙에 자전거를 올려놓는 방식을 피하라는 얘기도 없었다. 요구 사항은 역량을 한껏 발휘해 최고의 디자인을 만들어 내라는 것뿐이었다.

이 실험을 진행한 데이비드 얀손과 스티븐 스미스는 당신이 속한 집단의 디자인과, 비교집단 학생들의 디자인을 받아서 한자리에 쭉 늘어놓았다. 차이는 엄청났다. 나쁜 사례를 먼저 본 집단은 통합적인 디자인이 적었고, 독창적인 접근법은 더더욱 적었다. 게다가 자전거를 싣는 장소로 손이 닿지 않는 곳을 선택한 경우는

훨씬 더 많았다.[1]

두 번째 집단에 재능 있는 학생들이 더 많았기 때문일까? 그건 아니었다. 그렇다면 자전거나 자전거 거치대에 해박한 학생들이 많았던 걸까? 그것도 아니었다.

두 집단 간 차이는 딱 하나, 첫 번째 집단에게만 자전거 거치대의 일반적 문제를 해결한 디자인을 요구했다는 것이다. 두 번째 집단에게는 그런 요구 없이 최선의 거치대를 디자인하라고만 했다. 그러자 그들은 존재하는지도 몰랐던 문제를 과제를 수행하면서 자신도 모르게 해결했다.

얀손과 스미스는 과제의 종류를 바꾸어 다양한 엔지니어들을 대상으로 실험을 반복했다. 그때마다 똑같은 결과가 나왔다. 일례로 시각장애인용 계량컵을 디자인하는 과제에서, 결함이 있는 디자인을 미리 본 엔지니어들은 문제를 해결하지 못했다. 반면 결함이 있는 디자인을 사전에 보지 못했던 엔지니어들은 80퍼센트 이상이 풀어야 할 문제가 무엇인지 의식하지 못한 채로 문제를 해결했다. 내용물이 쏟아질 염려가 없는 머그를 디자인하라는 과제에서도 결함 있는 디자인을 사전에 본 집단은 그렇지 않은 집단에 비해 문제 해결에 실패하는 비율이 17배나 높았다.

그들은 모두 뛰어난 엔지니어들이었다. 풍부한 지식, 뛰어난 역량, 숙련된 기술을 갖췄고 의욕도 넘쳤다. 그런데도 그들 개개인의 성공 여부는 무엇을 하려고 애쓰는지에 따라 현격한 차이를 보였다. 사전에 결함 있는 사례를 보지 않은 집단은 천부적인 재능을 자연스레 발휘해 훌륭한 디자인을 해냈다. 한순간도 문제에 시선을 빼앗기지 않고 주어진 시간을 모조리 해결에 쏟았다. 문제를 먼저 보았던 집단은 애써 그것을 해결하려 했기 때문에 재능이 이끄는 대로 사고를 전개하지 못했다. 벤 커티스가 자신의 결점에만 신경을 썼을 때 골프를 잘 치지 못했던 것처럼, 엔지니어들도 문제에 초점을 맞추었을 때는 좋은 디자인을 내놓지 못했다. 그들이 문제에 계속 집중했던 이유는 무엇일까? 문제가 그만큼 유혹적이기 때문에 저항하지 못하고 끌려간 것이다. 일단 문제에 끌리면 좀처럼 다른 것을 생각하기 힘들다.

출근하기 두려워했던 남자의 가슴 뛰는 해법

"자기 직업에 만족하는 사람들은 저 같은 사람한테 두려움을 느끼나 봐요. 제가 전염병 환자처럼 자기들에게도 그걸 옮길까 봐 겁내는 것 같아요."

마이클은 말했다. "그들은 이렇게 말합니다. '참고 견뎌 봐. 그래 봤자 하루에 여덟 시간인데 그 정도는 견딜 수 있잖아.' 하지만 그렇지 않습니다. 자기 일을 싫어하는 사람들에게 문제가 되는 건 직장에서 보내는 여덟 시간이 아니라 나머지 열여섯 시간이거든요."

자전거 거치대의 결함을 해결하려 했던 엔지니어들처럼, 보기를 범할까 봐 두려워했던 벤 커티스처럼 마이클의 시야에 들어온 것도 문제뿐이었다.

"뭔가가 지긋지긋하게 싫을 때는 머릿속에서 그 생각을 떨쳐 낼 수가 없어요. 출근하면 퇴근할 때까지 분 단위로 시계를 보고, 퇴근하면 내일 아침에 출근할 일만 생각하게 됩니다. 일요일은 출근 전날이라는 의미밖에 없어요."

마이클은 자기만 겪었던 문제는 아니라고 생각한다. "직업에 불만을 가진 사람들이 한두 명이겠어요? 남들 앞에서 드러내지 않을 뿐이죠."

마이클은 지역 전문대학에서 5개의 대수학 강좌를 맡았다. 일주일에 35시간쯤 강의를 했는데, 그 시간 내내 칠판 앞에 서서 학생들의 주목을 끌려고 고군분투했다. 공식쯤이야 뒤에서 앞으로 거꾸로 욀 수 있고 잠자면서 가르칠 수 있을 정도였지만 안타깝게도 교수 효과는 미미했다.

"주 1회 연강으로 진행하는 야간 강의가 끝날 무렵이면 절반 정도가 쿨쿨 자고 있었어요. 물론 학생들이 꿈속에서 다항식 문제를 푼 건 아니었겠죠."

마이클의 강의가 학생들의 관심을 끌지 못했다는 것은 그의 주관적인 느낌만은 아니었다. 객관적인 증거가 풍부했다. "저희 대학에서는 기말고사를 공통으로 치렀습니다. 학생들이 얼마나 나아졌는지 측정해 보려는 거지요. 제 학생들의 경우에는 얼마나 나아진 게 없는지 측정하는 것이었지만요." 총 16개의 강의 중에서 마이클의 학생들은 변함없이 14위, 15위, 16위를 차지했다. 그의 강의에 대한 평가도 좋지 않았다. 학생들은 그의 강의가 학습의 욕을 이끌어 내지 못한다고 평가했다. 한 학생은 마이클의 강의를 고문 기술로 활용해야 한다는 의견을 내놓기도 했다. 앉혀 놓고 그의 강의를 강제로 듣게 하면 제아무리 악당이라도 무너지면서 죄를 자백할 거라는 거였다.

"최악은, 그게 제게 중요한 거라는 점이었어요." 마이클은 말했다. "저는 제 학생들이 잘하기를 바랐습니다. 제 강의실이 수학의 무덤이 아니라 수학이 생생히 살아 숨 쉬는 곳이 되기를 바랐어요."

마이클도 손 놓고 있었던 건 아니다. 조금이라도 상황을 바꿔 보려고 힘껏 노력했다. 교수법에 관한 논문과 책들을 샅샅이 찾아 읽었고, 교수 기법에 관한 동영상을 보았다. 대학에서 열리는 교수 기법 워크숍에 빠짐없이 참가했고, 전국 곳곳의 컨퍼런스에도 달려갔다.

"교수법에 대한 강좌라는 강좌는 죄다 섭렵했을 겁니다. 하라는 대로 모두 시도해 봤는데 효과가 없어서 다른 곳에 가면 정반대 방식을 권하더군요. 빠르게 진행하래서 그렇게 했더니, 다른 강좌에서는 속도를 늦추라고 하더군요. 학생들에게 수준별로 각각 다른 과제를 내주라는 곳도 있고, 모두에게 똑같은 과제를 내주라는 곳도 있었습니다. 전부 시도해 보았습니다. 학생들이 출석할 필요가 없을 정도로 꼼꼼하게 정리한 자료를 나눠 주기도 했고, 아무 자료도 주지 않은 채 수업 시간에 필기하도록 하는 방법도 써 봤어요."

관심을 표현하는 게 가장 중요하다는 책을 읽은 뒤에는 학생들과 대화를 나누려고 무던히 애를 쓰기도 했다. 그러자 한 학생은 강의 평가서에 이렇게 썼다. "그는 우리의 친구인 척하려는 것 같았다. 왜냐하면 가르치는 데에는 능력이 달리니까." 그 학생의 지적은 정곡을 찌른 셈이었다.

"저는 자기 꼬리를 쫓는 개와 같은 꼴이었습니다. 아무리 빨리 따라가도, 아무리 애를 써도 가닿을 수 없는 것을 쫓았던 거예요."

시도해 볼 것마저 바닥을 보인 즈음에 마이클은 우연히 옛 제자와 이야기를 나누게 되었다. "그 친구가 최대한 말을 돌리면서 이러더군요. '다른 걸 하면 얼마든지 잘하실 텐데 왜 적성에 맞지도 않는 가르치는 일을 아직도 하고 계세요?' 대답할 말이 없었습니다. 그동안 저는 가르치는 일에서의 실패를 온갖 각도에서 뜯어보았습니다. 그러면서도 가장 기본적이고 가장 명백한 부분은 검토하지 않았던 거죠. 저에게 그 일이 맞지 않을지도 모른다는 사실 말입니다."

마이클의 마음속에서 무언가가 덜컥 움직이기 시작했다. 어렸을 적 꿈은 구급대원이었지. 아니, 그런 바보 같은 생각은 하지 말자. 하지만, 어쩌면, 지금이라도 가능할지 모르잖아? 수학 학위를 가진 구급대원이 거의 없긴 해. 그렇다고 학위가 구급대원 일에 방해가 되는 건 아니잖아?

새로운 직업으로 뛰어든 지 5년이 지난 지금, 여전히 마이클은 교대 근무를 시작하며 구급차를 향해 걸어갈 때마다 아드레날린이 솟구치는 걸 느낀다. "목숨을 구하러 가는 구급대원이 유머 있는 사람인지 아닌지는 전혀 중요하지 않죠. 솔직히 말하자면, 이 직업에서는, 지루한 사람이 환자들에게 더 위로가 됩니다."

코끼리는 생각하지 마

"학교에서 처음 키와 몸무게를 쟀을 때 느꼈던 감정은 절대 잊지 못할 거예요." 테스가 말했다. "우리는 한 줄로 서 있었고, 선생님은 구식 체중계 옆에 서 있었어요. 작은 저울추를 조금씩 움직여 가로대가 수평을 맞추도록 조정하고 있었죠. 제 차례가 되자 선생님은 계속 저울추를 밀어냈어요. 조금씩, 조금씩, 계속해서. 선생님이 제 체중을 기록하려고 손을 멈췄을 때는 반 아이들 모두가 알게 되었어요. 그 체중계로는 제 몸무게를 잴 수 없다는 걸요." 그날 테스는 맹세했다. 살을 빼서 다음 검사 때는 아이들의 시선을 모으는 일이 절대로 없게 하겠다고.

그로부터 40여 년이 지난 뒤에도 테스는 여전히 체중을 줄이려고 분투하고 있었다. 온갖 다이어트 법을 시도하고, 먹는 것 하나하나에 신경을 곤두세웠다. 직업적 실패와 씨름했던 마이클이 그랬듯, 테스는 문제를 삶의 중심부에 놓으면 아무리 애를 써도 해결할 수 없다는 것을 힘겹게 깨닫게 되었다.

"우리는 중대한 문제에 직면하면 더 열심히 노력해야 한다고 배웠어요." 하지만 애를 쓰면 쓸수록 점점 나빠지기만 했다. 온종일 먹는 것에 신경을 곤두세운 나머지 이중의 패배감을 맛보았다. 여분의 칼로리를 피하기 위해 고심하면서 온종일을 우울하게 보낸 후에 결국 백기를 들고 폭식을 하면서 자괴감을 느껴야 했다.

어렸을 때나 성인이 되어서나 체중과 싸우면서 테스는 지극히 외로웠다. 가족이나 동료, 친구들 중에서 체중 감량을 위해 노심초사하는 사람은 단 한 사람도 없었고, 다이어트가 평생의 과제인 사람은 더더욱 없었다.

그러다 테스는 지역 대학에서 식습관 연구에 참여할 지원자를 모집한다는 광고를 보았다. 그녀는 그곳에서 해답을 찾을 수 있을 거라고 기대하지는 않았다. 다만 자기가 겪어 온 일을 이해해 줄 사람들을 만날 수는 있을 것 같았다.

테스는 오리엔테이션에 가서야, 나쁜 음식을 너무 많이 먹는 사람들이 연구 대상이라는 걸 알았다. "저만 연구해도 훌륭한 답을 얻을 수 있었을걸요. 그 얘기를 옆에 앉은 여자한테 했더니 저하고 똑같은 심정이라는 듯이 고개를 끄덕이더군요."

연구원들은 테스를 비롯한 지원자들에게 정크 푸드를 피하는 여러 방식을 제시했다. 지원자들 중 일부에게는 피해야 할 음식 목록을 만들도록 했고, 다른 일부에게는 정크 푸드를 먹는 상황을 피할 계획을 짜도록 했으며, 또 다른 참가자들에게는 언제 무엇을 먹을지 규칙적인 목록을 작성하도록 요구했다.

몇 달 뒤 테스는 연구 결과를 알게 되었다. 음식 목록을 만들든, 계획을 짜든, 규칙을 정하든지 간에 지원자들은 정크 푸드를 덜 먹은 것이 아니라 오히려 더 먹은 것으로 밝혀졌다.

결과는 아이러니했지만, 논리는 단순했다. 지원자들은 정크 푸드를 거부하려는 노력이 한계에 달할 때까지 정크 푸드를 피해야 한다는 생각에 온종일 시달렸다. 마치 "코끼리에 대해 생각하지 말라"는 지시를 받으면 자기도 모르게 코끼리에 대해 생각하게 되는 것과 같았다.

연구자들로부터 이런 설명을 들은 테스는 크게 고무됐다. "지평선 위로 마침내 해가 얼굴을 내미는 순간과도 같았어요. **문제가 문제다.** 그걸 즉시 깨달았죠. 제가 평생 살아 온 방식이 그랬으니까요. 애를 쓰면 쓸수록 하지 말아야 할 것을 더 하게 되는 것 말이에요."

그 대학의 카운슬러들은 지원자들에게 그들이 필요로 했던 도움을 주었다. 테스는 그 연구 및 카운슬링을 계기로 식습관과 체중에 관한 접근법을 완전히 바꾸었다. "'못해'나 '안 해' 같은 말들이 제 인생에서 없어졌어요. 그들은 제가 삶의 다른 부분을 대하듯 음식을 대하도록 도와줬어요. 제가 가끔 매니큐어를 바르는데 그렇다고 온종일 매니큐어에 관해 생각하는 건 아니잖아요? 매니큐어를 바른 뒤에는 일상생활로 돌아가는 거죠. 지금은 먹는 것에 대해서도 그렇게 생각하게 됐어요. 날마다 진짜 음식을 먹어요. 가끔은 저한테 한턱낸다는 기분으로 정크 푸드도 먹고요."

그 연구가 끝난 뒤 테스는 느리지만 확실하게 체중을 줄였다. "더 중요한 건 말이죠, 더 이상 케이크 괴물이나 페이스트리 괴물이 제 삶을 좌우하지 않는다는 거예요. 이제는 조절이 가능해요."

퓰리처상을 받은 난독증 환자

필립 슐츠는 학교생활을 견디기 힘들었다. 그가 안고 있던 커다란 문제가 학교생활과 떼려야 뗄 수 없는 것이었던 탓이다. 벤커티스와 마이클, 테스의 경험이 보여 주듯, 얀손과 스미스의 연구가 검증했듯 매사에 문제를 우선시하는 것은 끝없는 패배감만 안겨 줄 따름이다. 필립 슐츠 또한 문제를 옆으로 밀치고 나서야 변화를 꾀할 수 있었다.

수업이 시작되면 필립은 책상 앞에 똑바로 앉아 연필을 손에 쥐고 온 신경을 집중했다. 이번에는 잘하자고 날마다 마음을 다 잡았다. 그리고 날마다 실패했다. 같은 반 친구들이 새로운 내용을 배울 때 그는 수업을 이해하지 못한 채 그저 눈에 띄지 않기만을 바라며 고통 속에 앉아 있었다.

교사들은 필립이 대답을 못하는 일이 반복되자 더 이상 지명을 하지 않았고, 시간이 흐르면서 아예 가르치는 것을 포기했다. 그의 자리를 교실 뒤쪽으로 옮기고는 점차 수업에서, 생각 속에서 필립을 지워 갔다. 하지만 같은 반 아이들은 둔한 필립에 대해 절대 관심을 끊지 않고 항상 괴롭혔다.

필립은 자신을 괴롭히던 아이를 때려눕히고서야 학교의 관심을 받게 되었다. 교장은 필립을 전학시키는 것으로 문제를 해결했다. 필립은 새 학교에서 다시 3학년 과정을 반복했지만 이전 학교에서 맛봤던 좌절과 실패를 되풀이해야 했다.

그가 어려움을 겪은 이유는 단순했지만 책으로 둘러싸인 집에서 자란 어린 소년에게는 유독 가혹한 이유였다. 필립은 글을 읽을 수 없었다. 부모, 교사, 가정교사들이 몇 년 동안 노력했지만 진전이 없었다. 읽지 못하는 필립에게는 그 과정이 종이 위에 버티고 선 글자들과의 싸움에서 패전을 거듭하는 것일 뿐이었다. 당시만 해도 그런 용어가 있는 줄도 몰랐던 '난독증' 때문이었다.

필립이 글을 읽지 못하는 이유가 게으름 때문이라고 판단한 한 가정교사는 비꼬듯이 이렇게 물었다. "글도 읽지 못하면서 넌 도대체 뭐가 될래?" 그때 필립은 마음속에 떠오른 유일한 대답을 했다. "작가가 되고 싶어요." 그러자 가정교사는 배를 잡고 깔깔깔 웃었다.

읽지 못한다는 것은 필립의 삶에서 핵심을 차지했다. 거듭된 실패들 위에 또 실패들이 쌓였다. 그러다 보니 필립도 스스로를 바보라고 진심으로 믿게 되었다.

바보는 읽기조차 배울 수 없으니 성공을 꿈꿀 수도 없다고 생각한 필립은 자신을 포기하기에 이르렀다. 그러나 머릿속으로 상상했던 자기 모습까지 포기하지는 않았다.

상상 속의 필립은 작가가 될 터였다. 상상 속의 필립은 학교에서 좋은 성적을 받았고, 종이 위의 글씨들을 이해할 터였다. 상상 속의 필립은 읽을 줄 알았으니까. 현실은 극복할 수 없는 문제에 매여 있었지만 가상의 필립은 전도유망했다.

필립은 자기 방에 숨어서, 현실의 한계로부터 자유로운 상상 속의 자신을 불러냈다. 가상의 자신을 통해, 어머니가 큰 소리로 책을 읽어 주었을 때 들었던 발음과 단어들을 결합시키면서 천천히 앞으로 나아갔다.

가장 갖기를 원했던 자질을 갖춘 인물을 만들어 내는 과정에서, 또한 자기를 그 인물로 바꾸어 가는 과정에서, 현실의 필립은 스스로에게 읽기를 가르쳤다. 그는 단어에 대한 사랑과 언어의 선

율에서 즐거움을 발견했다. 가정교사의 비웃음을 샀던 필립 슐츠는 꿈꿨던 대로 세계적인 시인이 되었다.

필립 슐츠는 어린 시절에 겪은 불행의 원천을 필생의 역작으로 재탄생시킨 시집 『실패Failure』로 퓰리처상을 받았다. 그는 유년시절을 돌아보면서 난독증의 고통이 아니라 그것을 돌파한 힘에 초점을 맞추었다. "다른 사람들이 저를 보는 것과 똑같은 시선으로 제 자신을 보는 걸 멈춰야 했습니다. 제 결점부터 보는 일을 중단해야 했습니다. 그렇게 하자 자유로워졌습니다."

핵심 정리

필립 슐츠는 문제에 대한 생각에서 벗어나지 못했기 때문에 책의 첫 장을 넘기지 못했다. 똑같은 이유로 벤 커티스는 PGA 투어에서 형편없는 성적을 냈고, 마이클은 둥근 모양의 직업에 네모난 말뚝을 박아 넣느라 고역을 치렀다. 테스가 피하고자 했던 과정을 반복해야 했던 것도 같은 이유였다.

문제를 우선시하는 것은 현실적이고도 실재적인 성취를 가로막는다. **문제를 우선시할 때 실패할 확률이 17배나 높아진다.**[2]

서커스 공연에 비유해 보자. 당신의 문제는 무대 중앙에서 펼쳐

지는 공연과 같다. 당신은 사자 조련사나 공중그네 곡예사가 보여 주는 묘기에서 눈을 떼지 못한다. 다른 생각을 할 수 없다. 문제란 그만큼 막강한 영향력을 발휘한다. 그리고 문제는 우리를 낙담시키고, 위협하고, 소진시킨다.

해결책은 바로 삶을 풍부하게 하는 전환 관념transformative idea이다. 이를테면 팝콘을 들고 서커스장의 반대편 통로를 천천히 걸어가는 남자가 해결책이다. 의지만 있다면 당신은 그를 쳐다볼 수 있고, 세세히 관찰할 수도 있다. 그러나 그는 당신의 시선이 잘 미치지 않는 장소에 있기 때문에 눈에 띄지 않을 수도 있다. 설령 그를 흘끗 보았다 해도 당신이 별 관심을 갖지 않을 수도 있다. 그래도 그는 거기에 있으며, 당신에게 중요한 것을 갖고 있다.

지금 당장 문제를 밀쳐놓으려면

지루한 영화를 보라 프랑수아 자코브François Jacob는 평생의 과제였던 유전자의 기능을 밝혀내 노벨상을 받았다. 그가 맨 처음 영감을 받은 곳은 무수한 시간을 보낸 실험실이 아니라 영화관이었다. 집중을 요구하지 않는 '지루한' 영화를 보고 있다가 문득 실마리를 얻은 것이다. 문제에 부대끼고 있다면 당신의 머리를 식혀

줄 오락거리부터 찾아라.

잠시 다른 사람이 돼라 같은 방식으로 계속 문제를 바라보는 것은 극히 비생산적이다. 새로운 시각에서 상황을 바라볼 수 있는 기회를 만들어야 한다. 심리학자인 다리야 자벨리나 Darya Zabelina 와 마이클 로빈슨 Michael Robinson 은 실험 참가자들에게 일곱 살 아이가 되었다고 상상해 보라고 권했다. 참가자들은 그런 상상만으로도 다양한 과제에서 훨씬 창의적인 결과를 보였다.[3] 새로운 아이디어를 얻으려면 같은 것을 다르게 봐야 한다. 잠시라도 다른 사람이 되어 그의 시각을 가져 보라.

두려움의 덫에 갇히지 마라

앞으로 6개월 동안 연구할 주제로 행복과 즐거움, 또는 불행과 고통 중 하나를 고를 수 있다면 무엇을 택하겠는가?

사소하지만 이 선택을 통해 당신이 하는 모든 행동에 깔린 근본적인 경향을 잴 수 있다. 우리는 좋은 것에 이끌릴까, 아니면 나쁜 것에 이끌릴까? 원하는 것과 피하고 싶은 것 중 어느 쪽에 대해 더 많이 생각할까? 해법을 찾는 데서 출발할까, 문제를 찾는 데서 출발할까?

얼핏 보면 쉬운 질문 같다. 분명 행복에 관한 연구가 더 즐거울 테고, 연구 결과도 불행에 관한 연구보다 더 유용하면 유용했지 덜하지는 않을 것이다. 불행한 사람의 행동을 모방하고 싶은 사람은 없을 테니까.

하지만 심리학자들은 다르게 말하고 있다. 행복과 불행을 기준으로 분류한 수만 건의 심리학 연구 데이터베이스에 따르면, 행복과 해법에 대한 연구보다는 불행과 문제에 관한 연구가 125퍼센트나 더 많았다.[1]

우리가 가진 문제 우선적인 시각, 나쁜 소식 편향은 단순하면서도 매우 역사가 오래된 것이다. 40만 년 전 동굴에서 살던 조상들뿐만 아니라 지난 학기에 연구를 한 심리학 교수, 또한 당신이 아는 모든 사람들이 갖고 있는 근본적인 편향이다. 우리는 부정적 결과 및 위험에 대한 이해를 생존과 결부시킨다. 직업적으로든 개인적으로든 무엇이 잘못되어 있는지에 주의를 집중한다. 궂은 날씨부터 응원 팀에 패배를 안긴 시합 종료 직전의 슈팅에 이르기까지 모든 관심사에서 잘못된 것에 주의를 쏟는다.

옛날에는 그럴 만도 했다. 좋은 것에만 신경을 팔면서 위험을 간과했다가는 검치호(지금은 멸종된 대형 육식동물 – 옮긴이)가 달려들어 행복에 젖어 있는 우리를 점심거리로 삼았을 테니까. 하지만 지금은 다르다. 위험, 공포, 문제, 부정성에 이끌리는 경향은 창의성 및 해결책을 찾는 능력을 억압하고, 궁극적으로는 우리의 삶을 짓누른다. 좋은 것보다 나쁜 것에 주목하는 성향은 1만 2천 년 전에 검치호가 멸종한 이후에도 계속 보호 본능으로 남게 되었지만, 지금은 위험에 초점을 맞추는 행동이 위험 그 자체보다 더 심각하게 우리 삶을 위협하고 있다.

안전함이라는 뿌리칠 수 없는 유혹

1990년대 말 인기 절정의 시트콤이었던 〈사인펠드 Seinfeld〉는 NBC 방송에 매년 2억 달러(약 2,400억 원)의 수익을 안겼다. NBC 의 여타 황금시간대 프로그램들이 벌어들인 돈을 모두 합한 것 보다 더 많은 액수였다. 〈사인펠드〉는 평론가들과 대중의 사랑을 동시에 받았으며, 매주 시청자 수가 2천만 명을 상회해『TV 가이 드』가 선정한 역대 최고의 TV 시리즈 1위를 차지하기도 했다. 세 월이 흐른 지금도 〈사인펠드〉는 배급사의 수입에서 큰 비중을 차 지하고 있으며, 기억에 남는 대사들이 대중문화 속에서 여전히 재 생되고 있다.

이 시트콤의 주인공이자 공동 창작자인 제리 사인펠드 Jerry Seinfeld 와, 방송 여부를 최종 결정했던 NBC 편성국장 워런 리틀필 드 Warren Littlefield 는 동일한 기념품을 여태 간직하고 있다. 그 기념 품이 제리 사인펠드에게는 아이러니에 대한 교훈이고, 리틀필드에 게는 의사결정에 관한 교훈이라는 점은 다르지만, 두 사람 모두 〈사인펠드〉의 파일럿 에피소드에 대한 시청자 평가단 보고서 복 사본을 액자에 넣어 보관하고 있다.

파일럿 에피소드는 1회 방송 분량을 찍어 시청자의 반응을 가 늠하는 용도로 쓰인다. 방송사는 파일럿을 기준으로 한 시즌 전 체 혹은 일부 에피소드 제작에 착수하거나 프로젝트를 아예 포기하기도 한다.

시청자 평가단은 〈사인펠드〉를 어떻게 평가했을까? 그야말로 낙제였다. 등장인물, 스타일, 배경, 스토리 중 어느 하나 마음에 드는 게 없다고 했다. 등장인물인 조지는 '패배자'에다 '겁쟁이'라고 비난했고, 제리의 삶은 '따분'하고 크레이머(당시 이름은 케슬러였다)는 공감할 수 없는 캐릭터라고 했다. 평가단의 조롱을 받지 않은 유일한 인물은 일레인이었는데, 그 이유는 그녀가 파일럿에 등장하지 않았기 때문이다. 스토리라인의 앞뒤에 스탠드업 코미디를 붙인 형식에 대해서도 평가단은 혐오감을 나타냈다.

"그 어떤 사람에게도 안 먹힌다는 거였죠." 제리 사인펠드는 평가단의 보고서를 냉소적으로 요약했다. 아무도 좋아하지 않는다는 평가를 받았으니 방송사 입장에서는 최악이었다. 리틀필드의 상사인 브랜던 타티코프Brandon Tartikoff는 시청자들이 "유대인 색채나 뉴욕 색채가 너무 강해서" 싫어한다는 걸 알아챘다.

한편 리틀필드는 그 보고서가 "설득력이 약하고" "엉망"이라고 판단했다. 그가 보기에 사인펠드라는 인물은 몹시 흥미로웠고 그 시트콤은 어마어마한 잠재력을 지니고 있었다. 하지만 부정적인 내용으로 가득한 시청자 보고서는 그야말로 위협적이었다. 리틀필드는 말했다. "보고서는 우리를 **주눅들게 했어요.** 요컨대 결론이 나와 있는 셈이었죠. 보고서를 무시할 순 없었기 때문에 우리는 그 결론에 대해 답을 해야 했습니다. 사전 조사 결과가 실패로 나온 시트콤을 밀고 나간다면 나중에 책임을 져야 할 판이었죠."

리틀필드에게 〈사인펠드〉는 매우 어려운 문제였다. 〈사인펠드〉를 포기한다면 재능과 잠재력을 내던져 버리는 셈이었다. 그렇다고 되지도 않을 드라마, 시청자 평가단이 저항감을 나타냈고 일반적인 드라마와 매우 다른 드라마에 막대한 돈을 쓴다면 책임을 져야 했다. 아무도 좋아하지 않는 등장인물, 스토리, 포맷을 가진 드라마를 만들려는 이유를 임원회의에서 설명하기란 여간 힘든 일이 아니었다.

결국 리틀필드와 그의 팀은 〈사인펠드〉를 접었다. 대신 〈케이트 수녀Sister Kate〉를 제작하기로 결정했다. "평가 결과가 더 좋았거든요. 우리는 〈사인펠드〉 대신 고아들을 돌보는 수녀를 선택했습니다."

NBC는 케이트 수녀와 사랑스러운 고아들이 나오는 드라마에 열의를 보이며 시즌 전체를 제작하기로 결정했다. 수녀와 고아들의 드라마는 누구에게나 호감을 주었고, 건전했고, 따뜻했다. 하지만 〈케이트 수녀〉는 첫 시즌을 끝내지도 못하고 막을 내렸다. 지극히 평범했기 때문이다. (〈케이트 수녀〉에 나왔던 농담을 하나 소개하겠다. 케이트 수녀는 차를 천천히 모는 친구 에이프릴에 대해 이렇게 말했다. "제한 속도가 시속 40킬로미터면 걔는 38킬로미터로 몬다니까!")

〈케이트 수녀〉에는 위협적이거나 파괴적인 면이 전혀 없는 반면 〈사인펠드〉의 세상은 분노와 사소한 짜증, 절망, 좌절 그리고 일상적인 뒤틀림으로 가득했다. 주인공 제리 사인펠드 말대로 〈사인펠드〉는 포옹하는 장면이 전혀 없는 드라마인 반면 〈케이트 수녀〉는 시청자를 껴안아 주는 드라마였다. 리틀필드도 인정했다. "한 걸음 물러나서 그 상황을 보면 〈케이트 수녀〉가 성공할 거라고 보긴 어려웠습니다. 과연 그런 걸로 히트를 칠 수 있을까 하는 생각이 들죠. 하지만 그 시점으로 돌아가서 본다면, 극찬이 쏟아지는 쪽과 다들 싫어하는 쪽이 있을 때 어느 쪽을 선택하겠습니까?"

이것이 바로 '문제'가 던지는 미끼다. 더 안전해 보이고 설명하기도 쉽다. 하지만 가능성으로 눈길을 돌리는 것을 차단한다.

결국 NBC는 〈사인펠드〉를 방송했다. 방송사 임원들이 마음을 바꾸었기 때문이 아니라 새로운 소재가 고갈되었기 때문이다. 별다른 기획물이 없는 여름에는 실패한 파일럿 프로그램으로 '때우는' 게 관행이기도 했다. 사전 홍보도 없이 일요일 밤에 방송된 낯선 드라마의 첫 회는 당연히 시청자의 반응을 이끌어 내지 못했다.

그런데 〈사인펠드〉의 첫 방송에 반해 버린 인물이 있었다. NBC 이사이자 심야 편성 및 특집 책임자인 릭 루드윈Rick Ludwin 이었다. 그는 황금시간대 방송에서 보지 못한 것, 즉 구식 유머를 살짝 변형한 것이 아닌 독창적인 유머를 〈사인펠드〉에서 발견한 것이다. 루드윈은 심야방송 예산을 투입해 〈사인펠드〉 4회분을 제작한다는 이례적인 결정을 내렸다. 오프닝 1편과 4회 에피소드 제작이 끝나자 시즌 절반이 제작되었고, 이어서 시즌 전체 제작에 돌입했다. 아무도 좋아하지 않았던 〈사인펠드〉는 당당히 1위 시트콤으로 떠올랐다.

그로부터 20년 뒤, 리틀필드는 '두려움' 때문에 최고의 수익을 올린 드라마를 놓칠 뻔했던 그 순간을 회고하면서 시청자 보고서를 다시 분석했다. 사람들은 "쉽게 소화할 수 없는 드라마", "이례적이고 색다른 것을 시도한 드라마"를 파일럿으로 본다면 바로 뱉어 버리게 마련이라고. 하지만 시청자들을 끌어당겨 붙잡아 두는 것은 바로 그 이례성이었고, 방송계에 몸담은 그가 발굴해야하는 것도 그 이례성이었다.

이제 리틀필드는 〈사인펠드〉 평가 보고서를 바라보면서 미소를 머금는다. "왜 아무도 그런 등장인물들을 좋아하지 않는지, 왜 그 드라마가 절대로 성공할 수 없는지 나와 있답니다." 리틀필드는 자기가 범할 뻔했던 최악의 실수에서 교훈을 얻었다. 행동을 불가능하게 만드는 경고는 무시해야 한다는 것이다. "보고서는 잊어버려야 해요. 중요한 긴 비전입니다."

하지만 방송계는 그가 배운 교훈을 흡수하지 못했다. 10여 년간 NBC 사장을 지낸 제프 주커Jeff Zucker는 요즘이라면 〈사인펠드〉가 방송되지 못할 거라고 말했다. 파일럿 테스트의 실패를 딛고 살아남았다 해도 시간을 두고 점차적으로 시청자들을 끌어들일 수 없는 시대가 되었기 때문이다. 주커는 "즉시 히트를 치지 못하면 그것으로 끝"이라고 지적했다. 왜 그럴까? "내버려 두고 결과를 지켜볼 만한 배짱을 가진 사람이 아무도 없으니까요."

생존 본능 때문에 모든 것을 잃다

운명적인 밤이었다. 그 목요일 밤, 지나와 케빈은 동시에 로그인을 했다. 스크래블과 유사한 단어 게임인 워즈 위드 프렌즈Words with Friends 게임을 하기 위해서였다. 게임명과 달리 두 사람은 친구 대신 로그인한 사람들 중에서 랜덤으로 게임 상대를 골랐다. 어디에 사는 누가 게임 상대가 될지 모르는 상태였다. 게임은 지나와 케빈을 연결시켰다. 두 사람은 단어를 채워 나가면서 대화창으로 칭찬과 악의 없는 놀림을 주고받았다. 지나가 'elation(큰 기쁨)'이란 단어를 맞혀 크게 이기자 두 사람은 누가 먼저랄 것 없이 재대결 버튼을 눌렀고, 첫 번째 게임은 두 번째, 세 번째, 네 번째 게임으로 이어졌다. 그날 게임을 끝낸 지나와 케빈은 다시 함께 게임을 하기로 약속했다.

약속대로 게임에서 다시 만난 두 사람은 단어를 맞히면서 채팅을 계속했다. 시간이 흐르자 채팅 주제가 게임에서 직업과 삶에 관한 것으로 바뀌었는데, 주말이 끝날 무렵 사는 곳 얘기가 나왔다. 둘 다 깜짝 놀랐다. 전 세계인이 참여하는 게임에서 만난 그들이 겨우 300킬로미터밖에 떨어져 있지 않던 것이다. 지나와 케빈의 마음에는 'elation(큰 기쁨)'이라는 단어가 새겨졌다.

〈사인펠드〉 보고서와는 달리 모든 지표들이 긍정적이었다. 두 사람은 점점 가까워졌다.

3주 뒤에 지나와 케빈은 저녁식사를 했다. 처음엔 어색했다. 운명의 끈으로 연결돼 있다고 느끼긴 했어도 실제로 얼굴을 보는 건 처음이었다. 친구와 밥을 먹는 건지, 낯선 사람과 밥을 먹는 건지 아리송했다. 그들 사이에 게임과 컴퓨터, 300킬로미터의 공간이 있었을 때는 몰랐던 거리감을 의식하지 않을 수 없었다. 이야깃거리를 찾기 위해 머뭇거리던 케빈은 만나기 전과 같은 편안함과 끌림을 되찾으려고 반농담조로 워즈 위드 프렌즈 게임을 제안했다. 1미터가 아니라 300킬로미터 떨어져 있는 척하자는 것이었다.

집으로 돌아가는 길에, 케빈은 가상공간과 달리 현실 속의 두 사람은 그리 잘 맞지 않는다고 생각했다. 그러나 지나의 생각은 전혀 달랐다. 집에 도착한 케빈이 컴퓨터를 켜자 지나가 보낸 여러 통의 이메일이 와 있었다. 그중 하나의 제목은 '저녁식사 때 지나의 마음에 든 것들'이었다. 다른 이메일은 그들이 겨뤘던 게임에 출제된 멋진 단어들을 모아 둔 것이었고, 세 번째 이메일은 그들이 특별한 무언가를 공유하고 있다는 내용을 담고 있었다.

케빈은 그날 밤에 대한 지나의 느낌이, 그리고 모든 것에 대한 느낌이 자기와는 전혀 달랐기 때문에 놀랐다. 두 사람이 함께한 순간들에 대해 목록을 만들 정도로 많은 생각을 한다는 것에도 놀랐다. 상황을 보는 시선이 너무 달랐기에 케빈은 지나와 함께 할 미래는 없다고 더 굳게 확신했다.

지나는 케빈의 거절을 납득하지 못했다. 처음엔 기회를 달라고 호소했지만 이윽고 케빈의 생활 속으로 무단 침입했다. 지나는 이메일, 음성 메일, 문자 메시지들을 보냈고, 밤늦게 케빈의 집 앞에 불쑥 모습을 드러냈다. 몰래 뒤를 밟아 케빈이 친구들과 만나는 술집에도 나타났다. 한 번 더 기회를 달라던 지나의 호소는 차츰 모호한 경고로 바뀌었다.

케빈은 겁에 질렸다. 지나의 상태가 심상치 않았다. 이러다 무슨 일이 벌어지는 건 아닐까? 자동차 타이어를 난도질이라도 하면 어쩌지? 혹시 폭력을 휘두르진 않을까?

케빈은 법원에 접근 금지 명령을 신청했다. 그가 모은 괴롭힘 증거에는 음성 메일, 이메일, 문자 메시지뿐 아니라 휴대전화로 촬영한 동영상도 있었다. 케빈이 찍은 동영상에는 지나가 그의 집 앞 인도에 서서 외설적인 말을 퍼붓는 장면이 담겨 있었다.

법원의 접근 금지 명령으로 지나의 망상적 행동은 멈춘 듯 보였다. 하지만 스토킹에 따른 최악의 후유증이 그를 기다리고 있었다.

케빈은 자기가 달라졌다는 것을 깨달았다. 차분한 성격에서 초조하고 신경질적으로, 당당하고 따뜻한 사람에서 냉담한 사람으로 바뀌었다. "누군가 저를 지켜보고 있다는 느낌에 계속 시달림니다. 항상 뒤를 돌아보게 돼요. 정상적인 삶을 살았을 때는 두려움에 떨며 지내는 게 어떤 영향을 미치는지 전혀 몰랐습니다. 무슨 일을 하든 당연하게 여겼지요. 마음 내키는 대로 하면 됐어요. 하지만 겁을 먹으면 절로 생각이 많아집니다. 계속 안절부절못해요. 무엇을 하든 그렇게 됩니다."

1년 뒤 케빈은 다른 사람을 만났다. 관계가 깊어지면서 상대에 대한 확신이 들자 동거를 시작했고 결혼까지 고려했다. 하지만 그는 안절부절못하는 상태를 떨치지 못했고, 일삼아 트집을 잡고 애인에게 화를 터뜨렸다. 소중히 여겨야 할 관계를 자기 손으로 망치고 있다는 걸 알면서도 어쩔 수 없었다. 애인의 품 안에서 눈을 떴을 때 순간적으로 애인을 침입자로 오인해 일시적인 공황 상태에 빠지기도 했다.

"지나의 목적이 저를 불행하게 만드는 것이었다면 그녀가 기대했던 것보다 훨씬 더 큰 효과를 거둔 셈이죠. 제 인생의 모든 부분을 낱낱이 오염시켰으니까요. 애인과도 몇 달 만에 깨졌고, 이사를 했고, 마음의 평화를 잃었습니다. 심지어 내가 누구인지조차 모르게 됐어요. 두려움과 혐오에 시달리면서 모든 것을 잃고 말았어요."

케빈의 행동은 생존 본능에 따른 것이었다. 엄청난 문제에 직면하자 계속 그 부분에 주의를 기울일 수밖에 없었다. 그 과정에서 케빈은 문제를 키웠고 상황은 악화되고 말았다. 쓸쓸한 기억 정도로 문제가 축소될 수 있었던 시점에, 삶 속에서 그 문제를 위한 자리를 마련해 줌으로써 계속 자라도록 만들었다. 자기보호 충동에서 시작된 일이 삶의 질을 악화시키는 결과를 초래하고 말았다.

우리는 왜 나쁜 것에 끌릴까

당신은 복권에 당첨되었다. 지금껏 구경해 본 적도 없는 큰돈을 받아 안전하게 은행에 넣어 두었다. 누구나 꿈꾸고 바라는 행운의 주인공이 된 순간이다. 당신은 지금 얼마나 행복한가? 지금보다 더 행복했던 적이 있었나? 당신 삶의 모든 면이 더 나아졌나? 어깨를 짓눌렀던 짐들은 다 사라졌는가?

이 질문들에 대한 답은 이미 나와 있다. 필립 브링크먼Philip Brinkman이 복권 당첨자들을 추적하여 그들의 보편적인 행복감, 일상적인 기쁨과 좌절에 대해 조사한 결과가 있기 때문이다.

브링크먼은 비교집단에도 똑같은 질문을 했다. 비교집단 대상은 복권에 당첨된 적이 없다는 점을 제외하고는 당첨자들과 생활 환경이 유사한 사람들이었다. 어떤 집단이 더 행복할까? 복권 당첨자들일까, 운이 따르지 않은 평범한 사람들일까? 결과가 너무도 뻔한 질문이라고 생각하겠지만 조사 결과는 의외였다. 행운이 역효과를 낼 수 있음을 시사하기 때문이다. 실제로 **복권 당첨자들은 그렇지 않은 사람들보다 일상의 즐거움을 10퍼센트 적게 느끼고 있었**

다.[2] 앞으로 얼마나 행복할 것으로 생각하느냐는 물음에도 복권 당첨자들은 비교집단보다 낙관적이지 않았다.

복권에 당첨된 이들은 수백만 달러의 눈먼 돈이 생겼지만 기본적으로는 평범한 사람들이다. 그런데 왜 남들보다 더 행복하지 않을까? 어째서 덜 행복할까? 납득하기 어려운 결론이다. 하지만 원래 그런 것이다. 궁극적으로는 나쁜 것이 삶의 중심이고 좋은 것은 부차적이다. 시간이 지나면 좋은 것의 효력은 사라진다. 좋은 것에는 금방 익숙해지게 마련이고 우리의 기대치는 높아진다. 복권 당첨금으로 큰 집을 샀다고 치자. 처음에는 크고 멋지게 보이지만 어느 시점부터는 그저 집일 따름이다. 또한 좋은 것은 다른 것들을 따분하게 만들어 버린다. 복권에 당첨된 사람이 잡지 기사를 읽거나 멋진 바지를 사는 것 따위로 얼마나 즐거워할 수 있을까? 좋은 것은 퇴색한다. 반대로 나쁜 것은 항상 우리의 관심을 끈다. 나쁜 것은 너무도 강렬해서 마땅히 나쁜 것보다 좋은 것을 우선시해야 하는 순간에도 우리는 나쁜 것을 먼저 쳐다본다.

이번엔 다른 실험을 해 보자. 당신은 기혼자이고, 삶과 인간관계에 관한 몇 가지 질문에 답해야 한다. 질문은 지극히 평범한 내용이다. 다만 인터뷰에는 배우자도 동석해야 한다.

연구원은 당신 부부를 작은 방으로 안내한다. 당신들은 연구원 맞은편에 나란히 앉고, 연구원 뒤에는 내부를 들여다볼 수 있는 이중거울이 설치되어 있다. 거울 너머에는 이 방을 지켜보는 누군가가 있을 것이다.

질문은 어렵지 않다. 사소한 것들을 캐묻는 느낌이지만 대답하기 힘든 정도는 아니다. 부부가 각각 대답해야 하므로 간단한 문답에도 다소 시간이 걸린다. 두 분은 어디서 만났습니까? 쓰레기는 누가 내다 버립니까? 한가한 시간에는 무엇을 합니까? 남편(아내)에게 웃는 표정으로 말합니까? 배우자의 말을 귀 기울여 듣습니까? 고개를 끄덕입니까? 지금 인터뷰를 하는 동안 배우자의 손이나 어깨를 쓰다듬은 적이 있습니까? 배우자가 말을 할 때 내용을 보태거나 바로잡기 위해 끼어듭니까? 배우자가 당신을 비난하거나 난처한 질문을 하면 불만을 드러내거나 눈을 흘깁니까? 배우자가 말하고 있을 때 불편한 듯 자세를 바꿉니까?

사실 연구원들은 당신 부부가 어디서 만났는지, 누가 쓰레기를 버리는지에 대해서는 관심이 없다. 당신이 배우자의 우호적인 행동을 모방하는지, 비우호적인 행동을 모방하는지를 관찰하려 할 뿐이다. 나쁜 행동보다 좋은 행동을 따라 한다면 인생이 한결 편하겠지만 우리는 비우호적인 몸짓을 모방하는 경우가 다섯 배나 많다.[3] 비우호적인 행동을 한 번 할 때마다 우호적인 행동을 다섯 번 해야 겨우 균형을 맞출 수 있다는 뜻이다.

잘못된 쪽에 초점을 맞추는 기질은 생존 본능 차원에서 시대착오적일뿐 아니라 인간이라는 종의 번성에도 도움이 되지 않는다. 생존에 초점을 맞춘다면, 건강하고 만족스러운 성생활은 관계를 더욱 강화하고 재생산 가능성을 최대화하는 결과로 이어져야 한다. 그러나 성생활 만족도가 높은 경우, 성생활이 관계 전반의 만족도에서 차지하는 비중은 20퍼센트에 불과했다. 반면 불만족스러운 성생활은 관계 불만족 요인에서 75퍼센트를 차지했다. 만족스러운 성생활은 관계 유지의 핵심이 아니지만 불만족스러운 성생활은 결별로 이어진다.[4]

부정적인 것이 긍정적인 것보다 중시되고, 두려움이 일상을 지배하고, 문제가 복권 당첨자들, 기혼자들, 케빈, NBC를 규정했다. 공포심 탓에 좋은 것보다 나쁜 것을 먼저 보는 원초적인 경향은 지나치게 오래 지속된 생존 본능이다. 자연적인 충동의 지배를 방치하면 온종일 두려움과 우울함 속에서 살아야 한다. 그런 식이라면 석기 시대에는 하루 종일 동굴 속에 틀어박혀 있어야 했을 것이다. 하지만 우리는 동굴 밖으로 나와야 한다.

극복하거나 집에 있거나

클레어는 밖으로 나가는 게 점점 더 힘들고 괴로워졌다.

"황당하게 들리겠죠." 클레어가 말했다. "40년 동안 매일 드나들던 그 문을 열고 나가길 주저하게 되다니요? 하지만 갈 곳이 없다면 얘기가 달라요."

클레어는 은행 거래가 통장으로 이루어지고 계좌를 개설하면 사은품으로 토스터기를 주던 시절에 은행 우편물실에서 직장생활을 시작했다. 이후 사무실 관리자, 지점장을 거쳐 본사 고위 관리직에 오를 때까지 줄곧 은행에서 일했다. 도전을 즐기면서 사회에 도움이 되는 일을 할 수 있었으니 아주 운이 좋았다고 그녀는 말했다. "시내로 나가면 보지 않으려 해도 눈에 들어왔어요. 제가 일하는 은행의 대출금을 기반으로 운영되는 사업체, 저희 은행의 모기지로 산 집으로 이사하는 가족, 매달 매년 저축한 돈으로 살아가는 고객들을 곳곳에서 보았습니다."

직장에서 클레어는 늘 결정을 내리는 입장이었다. "저는 신입사원이었을 때도 몇 주 만에 서류 정리 방식을 재편성했답니다. 직장생활 막바지에는 출근해서 커피 한 잔을 마시기도 전에 수십만, 수백만 달러의 의사결정을 내렸어요."

지금은 그렇게 긴급하게 처리해야 할 일이 없다.

"옷을 입어요. 아침을 먹어요. 서둘러 준비하는 것처럼 보이죠. 하지만 그럴 필요가 없어요. 서둘러서 가야 할 곳이 아무 데도 없으니까요."

클레어는 소중히 여겨야 할 것들과 싸우고 있었고, 그 사실을 의식하고 있었기에 문제는 더 악화되었다. "시간이 뭡니까? 제일 중요한 자산이잖아요. 이집트 파라오들도 더 가질 수 없었던 자산이죠. 그런데 저는 그 귀중한 자산으로 뭘 하고 있는 걸까요?

저는 그걸 무無로 만들어 버려요. 아니, 그보다 더 심하죠. 제가 그토록 관리하고 다스렸던 시간이 이제는 저를 위협하고 있고, 저는 시간 앞에서 무너지지 않으려고 노력해야 해요. 우습지 않나요? 내가 존재한다는 사실이 나를 망가뜨리지 않도록 조심해야 한다는 게."

사실 클레어는 은퇴를 반겼었다. 퇴직 후에는 하고 싶은 모든 걸 할 수 있을 거라고 생각했다. 그런데 막상 퇴직을 하고 보니 '하고 싶은 모든 것'이 무엇이었는지 떠오르지 않았다. 주위 사람들은 자유를 누리라고 하지만 클레어 자신은 덫에 갇힌 느낌이었다. "정확히 무엇으로부터 자유롭다는 건가요? 정말 몰라서 묻는 거예요."

다양한 모임에 참여하려고도 해 보았다. 그런데 구성원들이 너무 젊으면 늙은이가 분위기를 망치는 것 같아 주눅이 들었고, 너무 나이 든 이들만 있으면 자기 또한 **여느 노인들과 똑같은** 노인일 뿐이라는 생각에 한심해졌다. "초대받지 않은 파티에 불쑥 찾아간 것 같은 느낌에 계속 시달립니다." 클레어는 익숙한 것, 편안하게 느낄 수 있는 무언가를 갈망했다. "제가 생각할 수 있는 거라곤 은행으로 복귀하는 것뿐이에요. 하지만 이미 퇴직했잖아요."

케빈이나 NBC 임원들처럼 구체적인 두려움을 가진 건 아니지만 클레어 역시 문제가 삶의 중심을 차지하고 있다는 점에서 그들과 다르지 않다. 은퇴한 상황 자체를 문제로 인식하고 보니 벗어날 길이 보이지 않게 된 것이다.

"남들은 말하죠. '뭐든 할 수 있는 시간이 주어졌잖아. 새로운 일에 도전해 봐.' 그런데 유치원에 처음 갔을 때 어땠는지 아세요? 60년 전 일이지만 전 기억해요. 겁이 덜컥 났죠. 그걸 극복하거나 집에 있거나, 둘 중 하나죠. 그래서 지금 저는 바깥출입을 하지 않고 집에 있는 거예요."

과거의 부정적 반응, 과거의 나쁜 소식, 과거의 두려움을 뒤로하고 용감하게 내딛는 인생의 한 발자국은 가능성의 세계를 열어 준다. 두려움을 극복하면 문제를 재규정하는 것이 가능해진다. 우주까지도 재규정할 수 있다.

아인슈타인의 자유로운 정신

알베르트 아인슈타인의 사진 한 장은 촬영한 지 거의 70년이 지난 지금도 충격을 안겨 준다. 존경받는 물리학자가 버릇없는 네 살짜리 아이처럼 혀를 쏙 내민 바로 그 사진이다. 한 인물 속에 그처럼 위대한 지성과 그처럼 유치한 성향이 공존했다는 사실을 어떻게 받아들여야 할까?

사실 이 물음 자체가 틀린 것이다. 질문을 뒤집어 보면 그런 유치한 행동이 더없이 가치 있는 것으로 다가온다. 특이한 기질을 갖고 있지 않은 위대한 사상가가 한 명이라도 있을까? 소심하게 순응하는 위대한 정신이 존재할까?

겉보기엔 우스꽝스럽고 하찮게 보이겠지만, 그 사진은 위대한 사고 및 그런 사고의 소유자들에 대한 본질적인 무언가를 드러낸다. 아인슈타인 자신은 그 사진을 처음 받아 보았을 때 어떻게 반응했을까? 그는 놀라거나 외면하지 않았다. 공개적인 사과와 더불어 앞으로는 성숙한 모습을 보이겠다고 말하지도 않았다. 오히려 그 사진을 한 장 더 인화해 달라고 요청했다. 그런 뒤 얼굴과 혀가 더욱 두드러지도록 가장자리를 잘라낸 뒤 대량으로 복사해서 메모 카드를 만들었다. 그의 메모를 받은, 박식하고 품위 있는 동료들의 눈에는 아인슈타인이 혀를 쑥 내민 모습부터 들어왔다.

노벨상을 받았을 때도 마찬가지였다. 기존의 가정을 내던지고 새로운 시각에서 바라보는 그의 능력을 잘 보여 준 것은 수상 연설이 아니라 이후 그가 한 행동이었다.

스톡홀름에서 노벨상을 받은 뒤, 그는 친구인 물리학자 닐스 보어를 만나러 코펜하겐으로 향했다. 코펜하겐 기차역에서 만난 두 사람은 보어의 집으로 가기 위해 시내 전차에 올랐다. 두 사람은 전차에 자리를 잡고 앉자마자 가장 좋아하는 주제인 양자역학에 관한 대화에 빠져들었다. 한참 만에 보어가 문득 고개를 들자 전차는 이미 종착역에 와 있었다. 내려야 할 곳을 벌써 지나친 뒤였다. 보어는 겸연쩍어하며 아인슈타인을 이끌고 반대 방향으로 가는 전차로 옮겨 탔다. 이번에는 절대 내릴 곳을 지나치지 않겠다고 결심했지만 또다시 아인슈타인과의 대화에 빠졌고, 다시 고개를 들었을 때는 애초의 출발점인 코펜하겐 기차역이었다. 세 번째로 친구를 시내 전차로 이끌면서 보어는 바보 같다는 생각이 들었다. "남들이 어떻게 생각할지 짐작이 갔습니다." 전차 운전사는 같은 노선을 왔다 갔다 하는 두 사람을 보면서 제정신이 아니라고 여겼을 터였다.

그런데 보어가 보기에 아인슈타인은 걱정은커녕 남들이 이상하게 볼 거라는 생각조차 하지 않는 게 분명했다. 이론에 있어서도, 대중교통 수단을 이용하는 방식에서도 아인슈타인은 남들의 인정을 구하지 않았다.

이런 사소한 부분들에서 아인슈타인이 가진 강점의 본질적인 면이 드러난다. 그는 자신만의 세상 속에서 살아갈 수 있는 비상한 능력이 있었고, 한순간도 두려움의 덫에 갇히지 않았다. 아무도 발을 디딘 적이 없는 길로 들어섰으며 그럴 때 조금도 주저하지 않았다. 위험을 피하지 않았고 결과를 걱정하지도 않았다.

실제로 아인슈타인도 자신의 강점을 비슷한 말로 표현했다. "나는 홀로 마차를 끄는 말이라서 여럿이 어울려 일하는 데는 적합하지 않다." 반면 대부분의 사람들은 남들이 규정한 한계에서 벗어나기 어렵다는 사실도 알고 있었다. 때때로 그는 주변 집단으로부터 분리되기를 자처했고, 그런 상황을 즐길 만한 힘도 지니고 있었다. 거리 확보에 따르는 대가에 관해 아인슈타인은 이렇게 썼다. "관습과 의견과 타인의 편견으로부터 자유로워짐으로써, 그런 불안정한 토대에서 정신의 평화를 구하지 않음으로써 충분한 보상을 받았다."

아인슈타인은 자신의 연구에는 독립성이 중요하다고 생각했지만 그렇다고 해서 자신이 남들보다 높은 곳에 있다고 보지 않았다. 오히려 그는 사람들이 스스로를 잘못된 각도에서 바라보기 때문에 스스로의 능력을 과소평가한다고 생각했다. "모든 사람은 천재다. 하지만 당신이 나무에 기어오르는 능력을 기준으로 물고기를 판단한다면, 그 물고기는 평생 자기가 어리석다고 생각하며 살게 될 것이다."

핵심 정리

두려움 때문에 케빈은 사랑을 잃었고, 클레어는 자기 안에 갇혔다. 두려움 때문에 NBC는 독특한 〈사인펠드〉를 제쳐 두고 무난하기 짝이 없는 〈케이트 수녀〉에 투자했다. 반면 알베르트 아인슈타인이 빛나는 업적을 이루는 데는 공포 충동의 이례적인 부재가 한몫을 했다.

누구에게나 문제에 대한 공포심은 있다. 우리 모두의 내면에 있다. 예전에는 그 두려움이 포식자들의 먹잇감이 되어 때 이른 죽음을 맞는 것을 막아 주었지만 지금은 다르다. 커다란 문제를 시야 한가운데에 놓기 때문에 충실한 삶을 살지 못한다. **관계에서 나쁜 것의 영향력이 좋은 것의 영향력보다 5배나 높은 이유는 바로 문제에 대한 두려움 탓이다.** 시대착오적인 이 본능에 관해 익히 알고 있을 심리학자들조차 올바른 것보다 잘못된 것에 대한 연구에 훨씬 많은 노력을 기울이는 것 역시 이러한 원초적 두려움 때문이다.

두려움이 삶을 좌우하도록 내버려 두는 것, 두려움이 문제를 우선시하도록 방치하는 것은 이층집을 칠해야 하는데 사다리의 두 번째 계단을 밟지 않으려는 것과 같다. 안전하긴 하겠지만 그래서는 아무것도 이루지 못한다.

두려움에서 벗어나려면

한 번도 해 본 적 없는 것을 하라 가수 닐 영Neil Young은 첫 번째 히트곡 〈하트 오브 골드Heart of Gold〉를 발표한 뒤 무엇을 했을까? 다시 히트곡을 낼 수 있을까 걱정한 게 아니라 전적으로 새로운 음악적 방향을 모색했다. 닐 영은 말했다. "그 곡으로 인해 저는 길

한복판에 놓이게 되었죠. 그 길을 계속 걷다 보면 곧 따분해질 게 뻔했어요. 그래서 개천 쪽으로 향했죠. 더 험한 여정이었지만 덕분에 훨씬 흥미로운 사람들을 만났습니다." 그랬기 때문에 그의 음악 인생은 40년 이상 지속되었다. 이미 알고 있던 것들, 이미 해 본 일들로 자신의 한계를 정하지 않을 때 생각은 엄청난 자유를 누린다. 바로 지금, 전적으로 생소한 무언가를 ―무엇이든지―하라.

초콜릿을 먹어라 두려움이 아니라 약간의 즐거움을 느낄 때 더 명료하게 생각할 수 있다. 사소한 기쁨을 느끼는 건 어렵지 않다. 초콜릿 한 조각이면 충분하다. 앨리스 아이센Alice Isen 팀이 의사들을 상대로 실험한 결과를 보자.[5] 그들은 실험 참가자들 중 절반에게는 미니 허쉬 초콜릿 바를 주고 나머지 절반에게는 주지 않았다. 그런 뒤 전원에게 같은 환자의 진료기록부를 주고 진단을 요청했다. 초콜릿을 먹은 의사들이 올바른 진단(만성 활동성 간염)을 내린 비율이 훨씬 높았고, 창의력 검사에서도 더 좋은 결과를 냈다. 자신에게 사소한 즐거움을 제공하는 것만으로도 반짝이는 아이디어를 얻을 수 있다.

불확실함을 포용하라

하루 동안 절대적인 권한이 주어진다면 당신은 무엇을 하겠는가? 하루만 대통령이나 교황 또는 대기업 총수가 된다면 말이다.

장담컨대 당신은 문제를 찾아낼 것이다. 그래야만 자기 존재를 과시할 수 있을 테니까. 최고의 자리에 있다는 건 기분 좋은 일이지만 아무 문제도 찾아내지 못한다면 당신의 중요성을 드러낼 업적을 이룰 수 없다.

TV 리얼리티 쇼의 소재로나 쓰일 이야기로 들릴지 모르겠지만, 1587년 폴란드에서는 솔 발 Saul Wahl 이라는 사람이 진짜로 하루 동안 왕좌에 앉아 있었다고 한다. 왕으로 지낸 하루 동안 그는 26가지 문제를 지적하고 60개 이상의 칙령을 내렸다.

문제는 우리의 앞길을 가로막을 수 있다. 따라서 주변을 둘러보며 문제가 없는지 살피는 것은 공포에서 비롯된 원초적 충동이다. 또한 문제는 시간을 다투는 화급한 것이기도 하다. 경보를 울리며 행동과 결과를 요구한다. 게다가 문제의 장악력은 보편적이다. 왕들에게만, 아니면 하루 동안 왕관을 쓴 사람에게만 그런 것이 아니라 항상 우리 모두를 움켜쥔다. 누구든지 문제를 지적할 때면 자기가 꽤 중요한 인물이 된 듯한 생각이 든다.

딱지를 끊는 경찰관처럼, 우리는 문제 속으로 자신을 밀어 넣는다. 문제를 지적하면 쓸모 있는 존재라는 생각이 들고 살아 있다는 느낌을 받는다. 만약 문제가 없다면 그것이야말로 문제인 것이다.

최우수 학생이 낙제생이 된 이유

'로큰롤 명예의 전당'에는 세계적인 공연 및 음반 녹음실들로부터 모아들인 갖가지 진귀한 자료들이 전시되어 있다. 그중에 눈길을 끄는 빛바랜 종이 한 장이 있다. 악보나 가사가 적힌 것도 아니고 앨범이나 콘서트 계획에 관한 것도 아니다. 그러나 그 종이에는 이후 10년 뒤에 도래할 혁명, 음악뿐만 아니라 거의 모든 것을 바꿀 혁명에 관한 작은 힌트가 담겨 있다. 다름 아닌 존 레넌John Lennon의 고등학교 성적표다. 그 성적표는 남들과 다른 방식으로 세상을 보았기에 정답에서 벗어나 있었던, 다소 뒤처진 학생의 모습을 간결하고 명확하게 보여 주고 있다.

성적표에는 그저 그런 점수들이 나와 있고, 아래에는 쿼리뱅크 학교의 한 교사가 쓴 평가가 적혀 있다. 존 레넌이 "대부분의 시간을 '재치 있는' 문장을 만드는 데 쓰고 있어 성적이 좋지 않다"는 내용이다. 뜻이 잘못 전달되지 않도록 교사는 '재치 있는'이라는 단어 앞뒤에다 따옴표를 붙였다. 레넌이 쓸데없는 유머에 시간을 낭비할뿐더러 그 재치란 것도 청소년답지 못하다는 뜻이었다. 교사들은 레넌의 농담이 웃기거나 재미있지 않았고, 오히려 그가 무의미한 말장난과 천박한 행동을 그만둔다면 그나마 조금은 기대를 품어 볼 만하다고 평가했다.

로큰롤 명예의 전당에 영구 보존된 이 실패의 기록은 문제를 향한 열정에 관해 중요한 사실을 말해 준다. 레넌의 교사들은 판에 박힌 내용을 가르치고, 판에 박힌 성공을 만들어 내기 위해 판에 박힌 잣대를 들이대도록 훈련된 이들이었다. 그 과정에서 벗어나는 것은 곧 실패로 이어진다고 믿었기에 학생들이 다른 방향으로 향하는 조짐을 놓치지 않으려고 눈을 부릅떴다.

레넌의 경우에도 교사들은 문제를 뿌리 뽑기 위해 팔을 걷어붙였다. 레넌은 날마다 방과 후에 교실에 남아 책상에 웅크리고 앉아서 '나는 무엇무엇을 해서는 안 된다'라고 쓰면서 그날 했던 공격적인 행동을 반성해야 했다. 청소 등 벌을 받는 일도 잦았다. 이런 일반적인 체벌이 효과를 내지 못하자 교장실로 불려 가서 매를 맞기도 했다.

교사들은 레넌의 문제를 아주 명확하게 인식했으며 그 결과에 대해서도 절대적으로 확신했다. 레넌은 쿼리뱅크에 입학할 때만 해도 일류대학 진학이 기대되는 최우수 A반에 편성되었지만 2학년 때는 B반으로 밀려났고, 4학년 말에는 가망이 없다고 판정받은 C반으로 강등되었다. 그가 C반으로 떨어지자 성적표의 평가문도 부드러운 질책이 아니라 강경한 어조로 바뀌었다. 교장은 학년 말 성적표에 레넌이 "분명히 실패로 가는 길을 걷고 있다"면서 한마디로 "구제불능"이라고 썼다. 교장이 보기에 증거는 더할 나위 없이 분명하고 확실했다. 한마디로 '이 아이에게는 미래가 없다'는 것이었다.

교사들은 대학 입시를 앞둔 종합 시험에서 레넌이 받은 성적을 보고 일종의 만족감을 느꼈을 것이다. 그는 아홉 과목 전부에서 낙제점을 받았다. 교사들이 그럴 거라고 경고했던 그대로 된 셈이었다.

이 유난히 성가신 학생이 가졌던 비범한 생각과 창의적인 시각을 알아본 사람은 아무도 없었다. 교사들은 위압적인 검정 가운의 위세를 빌려, 우스꽝스런 라틴어 모토(Ex Hoc Metallo Virtutem, 이 거친 금속을 벼려 미덕을 만들리라)가 새겨진 검정색 교복 차림의 학생들을 굽어보았지만 그들의 눈이 닿지 않는 곳에서 레넌이 스스로 무엇을 배웠는지는 알지 못했다.

교사들이 보지 않는 곳에서 레넌은 책벌레였다. 그는 읽고, 쓰고, 그리고, 생각했다. '데일리 하울The Daily Howl'이라는 자기만의 신문을 만들어 기사와 시를 쓰고 만화를 그렸다. 열 살 때는 20권짜리 세계 단편소설 전집을 읽기 시작했다. 아이러니하게도 그는 교실 밖에서는 모범생이었다. 레넌은 벼려질 금속 조각이 아니었다. 그는 규격화를 혐오했고, 언제 무엇을 하라고 지시받는 것을 싫어했다. 쿼리뱅크의 숨 막히는 기준과 판단에 순응하는 것을 혐오했다. 그는 길들여지지 않았다.

레넌이 목표가 없고 주변에 악영향을 끼친다고 낙인찍은 이들은 교사들만이 아니었다. 모든 사람들이 똑같이 생각했다. 훗날 레넌은 이렇게 회고했다. "친구들의 부모는 한결같이―폴의 아버지 역시―저 애를 가까이하지 말라고 했다." 폴 매카트니의 아버지가 둘 사이를 떼어 놓는 데 성공했다면 어떻게 되었을까?

레넌은 집에서도 이해를 받지 못했다. 그를 키웠던 이모는 집안을 쓰레기장으로 만들지 않으려고 정기적으로 레넌의 방에 들이닥쳐 그가 쓴 글을 휴지통에 갖다 버렸다. 고등학교 입학 후 레넌이 음악에 관심을 보이자 이모가 했다는 유명한 말이 있다. "기타야 좋지, 존. 하지만 그걸로 먹고살 수는 없어."

누구의 눈에도 문제는 명확했다. 그 소년은 기대에 맞게 행동하지 않았던 것이다. 모든 문제는 대응을 요구하기 마련이고, 존 레넌이라는 문제도 마찬가지였다.

대개 우리는 눈앞의 문제를 치우기 위해 전력을 다해 밀어붙이며 용을 쓴다. 게다가 우리는 그런 노력 자체를 즐긴다. 올바른 행동을 했다는 만족감을 느끼기 때문이다. 어떤 일을 해야 하는지 아는 것은 분명히 만족스럽다.

반면 잠재성과 가능성, 해법은 쉽게 눈에 보이지 않는다. 전에 한 번도 본 적이 없는 것일 수도 있다. 인식하기도 어렵다. 설사 알아차렸다 한들 어떻게 대응한단 말인가? 가능성을 어떻게 키워 간단 말인가? 레넌이 똑똑한 학생이고 커다란 가능성을 품고 있다는 사실을 교사들이 인정했다 해도, 그 경우에는 불확실함을 떠안아야 하며 틀린 건 오히려 자신들일지도 모른다는 위험을 무릅써야 한다. 레넌이 똑똑한 학생이고 막대한 가능성을 품고 있다는 사실을 인정했다면, 교사들은 레넌에게 가르칠 것보다 오히려 배울 것이 더 많다는 사실을 시인해야 했다. 그래서 교사들은 그들이 만난 가장 독특한 학생에게 문제라는 딱지를 붙였다.

다행히 레넌은 남들이 입을 모아 내린 평가를 믿지 않았다. 그는 학교 시절을 회상하면서 이렇게 말했다. "열두 살 무렵, 나는 천재가 분명한데 남들이 모르는 것뿐이라는 생각을 하곤 했다."

쿼리뱅크를 떠나고 10년이 흐른 뒤 레넌은 모교에서 보내온 편지를 하나 받았다. 편지를 보낸 재학생 후배는 영어 수업 때 레넌이 쓴 가사의 의미를 파악하는 수업을 한다면서 도움을 줄 수 있냐고 물었다. 레넌 입장에서는 유쾌한 일이 아닐 수 없었다. 그때가 되어서도 옛 스승들은 여전히 그를 이해하려 애쓰는 중이었고, 그가 쓴 글에 자신들의 기준을 적용하고 그를 자기들이 아는 어떤 것 속에 끼워 맞추려 했다. 레넌은 그들에게 경의를 표하며 〈나는 바다코끼리I'm the Walrus 〉라는 곡을 썼다. 이 곡의 유일한 목적은 가사의 의미를 이해하려는 사람을 혼란스럽게 만드는 것이었다.

나는 너무 열정이 지나쳐

회사의 크리스마스 오찬이 정해진 시간을 넘기다 못해 업무 시간을 세 시간째 잡아먹고 있는데도 사람들의 흥이 가라앉지 않았을 때 짜증을 낸 건 자기 자신뿐이었지만 그때도 린다는 몰랐다. 2년 만에 간 휴가지에서 휴대폰으로 업무 메시지를 확인하기 위해 눈부신 햇빛을 커튼으로 가리느라 태양과 풍경과 바다의 미풍까지 차단했을 때도 몰랐다. 순회 브로드웨이 뮤지컬 관람 중 휴식 시간에 로비로 나왔다가 메시지를 확인하느라 2막이 시작되는 걸 놓쳐서 무대 앞 두 번째 줄의 좌석으로 돌아가지 못했을 때도 몰랐다. 린다는 자기가 일에 너무 빠져 있으며 일에 대한 태도를 점검할 필요가 있다는 생각을 하지 못했다.

하지만 업무 전화를 하려고 어머니의 병실을 빠져나와 조용한 곳을 찾아 복도를 내달리던 순간, 드디어 린다는 자기가 너무 지나친 것 같다는 의심을 품게 되었다.

린다는 상사 탓, 동료들 탓은 하지 않았다. 조직 문화가 그녀를 24시간 작동하는 업무 로봇으로 만든 것은 아니었다. 그건 스스로 놓은 덫이었다.

"다 제 탓이었어요. 제가 애초에 그런 사람이었고, 제가 원해서 그랬던 거예요. 아니면 제가 원한다고 생각했기 때문이에요." 린다는 말했다. "그게 자기 가치를 증명하는 길이라고 믿었어요. 항상 출격 준비가 되어 있는 것 말이에요. 상품 사업 분야에서 일하다 보면 모든 게 변할 수 있다는 걸 싫어도 깨닫게 돼요. 하룻밤새 변하는 정도가 아니라 일순간에 변해요. 그러니 휴가라고 일주일 동안 마음 편히 일에 관한 걸 잊어버릴 수 있겠어요? 하다못해 점심시간 한 시간도 마찬가지죠."

존 레넌을 가르쳤던 교사들처럼, 린다는 중요한 존재로 인정받는 데 필사적이었다. 회의가 있으면 반드시 참석하고, 메모가 돌면 가장 먼저 읽어야 직성이 풀렸다. 어디선가 무슨 일이 벌어지면 꼭 알아야 했다. "가장 끔찍한 상상은 제가 닫힌 문의 밖에 놓이는 거예요. 저는 중요한 일이 벌어지는 쪽에 있기를 원해요. 지켜보고 기다리는 쪽이 아니라."

당연히 그녀는 항상—직장에서, 퇴근 후에, 출근길에, 휴가 중에—부담에 짓눌려 지냈고, 스트레스가 끝이 없었다. "그런 식으로 늘 대기 상태로 지내다 보면 사소한 메시지도 긴급 상황이 되어 버립니다. 메시지를 받으면 즉시 덤벼들어 문제를 해결해야 하죠." 모든 상황을 놓치지 않고 파악해야 했기 때문에 린다는 메일을 확인하는 즉시 '받은편지함'에서 메일을 지웠다. 그러기 전에는 사무실을 떠나지 않았고, 밤에도 읽지 않은 메일이 있는지를 확인하고서야 잠자리에 들었다.

메일이 쌓이지 않는 것도 그녀에겐 스트레스였다. "왜 이메일이 한 통도 없지? 시스템이 다운됐나? 너무 급박한 문제가 터져서 메시지 보낼 시간도 없는 건가? 전전긍긍했죠. 웃기는 일이지만 막상 그 상황에서는 그런 생각밖에 안 들거든요."

매 순간 문제에 신경을 곤두세우며 살다 보니 지칠 수밖에 없었다. 하지만 침대에 누워서도 평온하게 잠들지 못했다. 오랜 경계 상태에 몸이 길들여진 탓이었다. 일에만 헌신적인 열정을 쏟아부으며 살아온 린다에게는 멈추고, 되새기고, 생각해 볼 여유가 없었다. 이는 다른 어떤 것, 더 나은 어떤 것을 위한 시간을 단 1초도 가져 보지 못했음을 뜻했다. 한 가지 생각만으로도 너무 바빴기에 그녀는 좀 더 획기적인 아이디어나 방식을 제안할 수 없었다. 비유하자면 벽돌 위에 얹혀 있는 자동차처럼, 아무리 액셀을 밟아도 나아가지 못하는 형국이었다. 계속 이런 식이라면 출발점에서 움직이지 못한 채 연료가 바닥나고 말 것이다.

업무 전화를 하기 위해 어머니의 병실을 빠져나온 그날 이후로 린다는 일과 삶에 대한 태도를 두고 심각한 질문을 던지기 시작했다. 자신이 중요한 사람이라는 사실을 매 순간 확인받으려면 24시간 내내 문제가 생겨야만 했다. 더 이상 그런 방식은 통하지 않는다는 사실을 린다는 인정할 수밖에 없었다. "영향력을 좇는 것은 불가능하다는 걸 깨달았습니다. 왜냐면 영원히 손에 잡히지 않으니까요."

그녀는 아무 방해도 받지 않고 일하는 시간대를 별도로 잡아 계획표를 짰고, 밤에는 몇 시간 동안이나 이메일을 확인하지 않았다. "처음엔 갈피를 잡을 수 없었습니다. 감각 차단 장치 속에 들어가 있는 것 같았어요. 하지만 지금은 휴대폰을 들여다보지 않고 영화 한 편을 끝까지 다 볼 수 있습니다. 엄청나게 긴 영화만 아니라면요."

우리는 문제를 사랑한다

당신은 신문에서 광고를 보게 된다. 광고의 내용이 꽤 흥미롭다. 기억과 학습에 관한 실험 참가자를 모집하는데 약간의 참가비를 준다고 한다. 누구든 참가할 수 있다고 특별히 강조하는 점도 솔깃하다. 직업에 대한 제한이 없으므로 회계사든 배관 기술자든 누구나 지원할 수 있다.

흥미를 느낀 당신은 약속을 잡고 한 지역 대학에 있는 사무실로 찾아간다. 알고 보니 두 사람이 짝을 이뤄서 하는 실험인데 통속의 쪽지를 뽑아 역할을 정한다고 한다.

당신이 뽑은 쪽지에는 '교사', 상대방의 쪽지에는 '학생'이라고 적혀 있다. 교사 역할을 맡은 당신은 짝을 이루는 단어들을 큰 소리로 읊어 준 뒤 학생이 잘 외웠는지 테스트하면 된다.

아, 한 가지가 더 있다. 교사는 학생의 집중력을 올려 주기 위해 전기 충격 장치를 사용한다. 학생이 틀릴 때마다 짧은 전기 충격을 가하는 것이다. 그런데 틀리는 횟수가 늘어날 때마다 교사는 전기 충격의 강도를 한 단계씩 올려야 한다. 충격을 가해서 학습을 돕는다는 것이 이 실험의 전제이므로 당신은 이의를 제기할 수 없다.

당신은 탁자 앞에 자리를 잡고 앉았다. 단어들이 적힌 목록과 전기 충격 장치가 앞에 놓여 있다. 학생 역할을 맡은 실험 참가자는 몸에 전극들을 부착한 뒤 옆방으로 안내된다. 당신은 인터콤을 통해 단어들을 읽기 시작한다.

전기 충격 장치에는 강도가 눈에 잘 띄게 표시되어 있다. 15볼트는 '약함', 75볼트는 '보통', 195볼트는 '매우 강함'이라고 되어 있고, 255볼트는 '격렬', 315볼트는 '극심', 375볼트는 '위험: 가혹'이다. 최대치인 450볼트에는 다른 설명 없이 'XXX'라고만 표시되어 있다.

학생이 처음으로 실수를 했다. 당신은 망설임 없이 충격 강도 다이얼을 15볼트에 맞추고 다음 단어로 넘어간다. 틀릴 때마다 15볼트씩 강도를 높이라는 지시를 받았으므로, 학생이 다섯 번째로 틀리자 당신은 다이얼을 75볼트에 맞춘다. 그러자 학생이 처음으로 신음 소리를 내며 불편함을 드러낸다.

당신은 동요하지 않고 '가르치기'를 이어 가면서 충격 강도를 계속 올린다. 학생의 신음이 비명으로 바뀐다. 열 번째 실수에 이르자 학생의 비명이 심상치 않다. 고통에 못 이겨 울면서 나가게 해 달라고 애원한다. 이제 당신도 신경이 곤두선다. 땀이 흐르기 시작한다. 어떻게 해야 하느냐고 묻자 연구원들은 "계속하세요"라고 대답한다. 당신은 그들이 시키는 대로 한다. 당신은 계속 목록을 읽어 나가고, 학생은 자꾸 틀린 답을 말한다. 충격 강도를 점점 더 높이던 당신은 몸을 떨면서 입술을 깨문다. 탁자를 움켜쥔 당신의 손에 힘이 들어간다.

이제 학생이 한 번 더 틀리면 강도를 315볼트로 올려야 한다. 315볼트에는 '극심'이라고 표시되어 있다. 그런데 학생이 또 틀리고 만다. 당신은 망설인다. 그러자 연구원이 "좋든 싫든 학생이 단어 쌍을 정확히 외울 때까지 끝낼 수 없습니다. 그러니 계속하십시오"라고 한다.

당신은 신경질적으로 웃으며 다이얼을 '극심' 단계로 높인다. 그런데 이상하다. 아무 일도 벌어지지 않는다. 울음도, 신음도, 비명도 없다. 아무 소리도 들리지 않는다. 끝난 건가? 하지만 연구원들은 고개를 젓는다. 당신은 학생이 어떻게 되었는지를 걱정한다. 그러자 연구원들은 "실험을 계속하는 게 절대적으로 중요합니다"라고 말한다.

다음 단어를 불렀는데도 학생이 대답하지 않자 연구원들은 전기 충격을 가하라고 한다. 시키는 대로 했는데도 역시 반응이 없다. 비명도 훌쩍임도 들리지 않는다. 당신은 단어를 부르고 학생은 대답하지 않는 상황이 반복된다. 결국 전기 충격 다이얼에 남은 것은 단 하나, 'XXX'로 표시된 450볼트뿐이다. 이번에도 연구원들은 충격을 가하라고 지시한다. 무력한 당신은 지시에 따른다.

당신은 알지 못했지만, 연구원들은 당신이 '교사'라고 적힌 제비를 뽑도록 속임수를 썼다. 한편 '학생'은 연기자였다. 학생이 보인 반응은 처음부터 끝까지 대본에 의한 것이었다. 단어 쌍을 틀린 것도, 비명을 지른 것도 연기였다. 게다가 그 실험은 기억이나 학습과는 아무런 관련이 없었다. 그 상황에서 당신이 어떤 행동을 취하는지 보는 게 목적이었다.

심리학자 스탠리 밀그램은 이 실험을 처음 고안할 때 전문가들과 상의를 했었다. 전문가들은 학생이 단어를 외우지 못했다는 이유로 전기 충격 강도를 최대치까지 높이는 전 과정을 견뎌낼 참가자는 1000명 중 1명에 불과할 거라고 예상했다. 그런데 실제 실험에서는 학생이 고통을 호소하는 첫 비명을 지른 뒤에도 82.5

퍼센트가 계속해서 전기 충격을 가했다. 또 실험 참가자 다수가 차츰 강도를 높인 끝에 결국엔 450볼트까지 다이얼을 올렸다.[1]

이 고전적인 실험은 권위에 대한 복종을 경고하는 의미로 널리 알려져 있다. 하지만 실제로 실험 참가자들이 복종한 대상은 권위가 아니라 '문제'였다. 피실험자들이 강도를 계속 올렸던 진짜 이유는 벌을 받지 않으면 학생이 과제를 달성하지 못할 거라는 인식 때문이었다. 이 실험은 다양한 실험으로 변형되었지만, 어떤 실험에서도 단지 지시를 받았다는 이유로 실험 참가자들이 상대를 고문했다는 증거는 전혀 나오지 않았다. 그들이 남을 괴롭힌 이유는 문제에 현혹되었기 때문이었다. 지시받은 방법을 쓰지 않으면 학생이 절대 교훈을 얻지 못할 거라는 생각 때문이었다. 과한 체벌을 해서라도 가르치는 게 상대방에게 도움이 된다고 믿었던 것이다.

실험 당시와 비교해 볼 때 요즘은 권위에 대한 신뢰가 약화된 편이다. 하지만 최근 산타클라라 대학에서 밀그램의 실험을 재현했더니 예전과 똑같은 결과가 나타났다.[2] 문화의 진보, 권위에 대한 현격한 인식 변화에도 불구하고 실험 결과는 전혀 달라지지 않았다. 왜 그럴까? 근본적으로 이 실험은 권위에 대한 것이 아니라 문제에 대한 반응을 보는 실험이었기 때문이다. 말하자면 문제를 대하는 우리의 태도가 바뀌지 않았기 때문에 결과가 동일할 수밖에 없었던 것이다. 우리는 문제를 사랑한다. 문제를 만나면 달려든다. 단어 쌍을 즉시 암기하지 못하는 학생의 문제는 밀그램의 실험이 행해진 50년 전과 똑같이 떨칠 수 없는 유혹이다. 그래서 전기 충격의 강도를 계속 높이게 되는 것이다.

문제는 우리를 고무시키는 강력한 힘이다. 그 힘이 워낙 강해서 평소의 기본 신념과 동떨어진 행동을 하게 만들 수 있을 정도다. 그것이 바로 밀그램의 결론이었다. "상대에 대해 아무런 적대감이 없는, 그저 자기가 맡은 일을 하는 평범한 사람들이라도 지극히 파괴적인 과정 속에서는 그 역할을 수행하는 행위 주체가 될 수도 있다."

독특함을 문제로 인식하다

도대체 어떤 사람들이 문제를 힘의 원천으로 삼을까? 한마디로 답한다면, 우리 모두가 그렇다. 특정한 사람들만 문제가 부여하는 힘을 원하는 것이 아니라는 사실을―빈부 격차나 학력 차이도 변수가 아니었다―밀그램은 보여 주었다. 소속 집단과 무관하게 사실상 모든 사람들이 같은 행동을 보였다.

게다가 이미 상당한 영향력을 가진 사람들조차 중대한 문제와 씨름함으로써 자신이 얼마나 중요한 인물인지를 확인하려 한다.

여기, 같은 분야의 두 가지 제품을 판매하는 회사가 있다. A제품은 **높은** 매출을 올리고 있지만 소비자들이 그다지 좋아하지 않는다. 의무라도 되는 듯 마지못해 산다. B제품은 많이 팔리지는 않지만 소수의 구매자들이 엄청 좋아한다. 진심으로 즐기면서 제품을 산다. B제품은 구매자들의 일상에서 중심을 차지하며, 한 번 사용한 사람은 기꺼이 다시 찾는다.

이 기업에게는 세 가지 길이 있다. 첫째는 계속 두 제품을 생산하는 것. 두 제품 모두 이익을 내고 있으므로 딱히 문제될 건 없다. 둘째는 B제품에 집중하는 것. 사람들에게 호감을 얻고 있는 만큼 일정 시점이 되면 시장이 조성될 수 있기 때문이다. 마지막으로, B제품을 포기하고 현재 매출이 높은 A제품에 주력하는 길이 있다.

그런데 아무도 좋아하지 않는 제품에 미래를 걸 기업이 있을까? 제품의 품질을 높일 방법을 알고 있고, 그런 제품인 B제품을 이미 생산하고 있는 마당에? 그런데 실제로 그런 일이 벌어졌다. 세계 최대 소비재 업체인 프록터 앤드 갬블P&G의 최고경영자인 존 페퍼John Pepper는 1992년 커피 시장을 평가하면서 A제품에 집중하기로 결정했다.

당시 P&G에는 두 개의 커피 사업부가 있었다. 한 사업부는 '폴 저스'라는 인스턴트커피를 캔에 넣은 후 진공 포장해 미국 시장에 판매했고, 다른 사업부는 고급 아라비카 커피콩을 로스팅해 이탈리아 시장에 판매했다.

페퍼는 두 사업부를 검토한 뒤 이탈리아 시장을 겨냥한 사업부를 통째로 매각하기로 결정했다. 이탈리아에 한정된 고급 원두커피 사업이라니, 말도 안 된다고 그는 생각했다. 이 세상에 대한 그의 인식과 어긋나도 한참 어긋난 사업부였다. 페퍼에게 이탈리아란, 그가 매각을 발표하면서 오만하게 표현했듯, "현격히 다른" 커피 시장이었다.

그의 말은 옳았다. 다르긴 분명히 달랐다. 오하이오 주의 신시내티에서 생활했던 페퍼와 그의 팀원들은 터무니없이 비싼 커피를 사려고 줄을 선 사람들을 본 적이 없었다. 커피를 중요한 화제로 삼고, 한 잔의 커피를 천천히 음미하는 사람들을 보지 못했다. 커피를 중심으로 새로운 종류의 사회적 공간이 형성되는 커피 문화도 보지 못했다.

그들의 눈에 비친 건 집에서 연한 커피 한 잔을 후루룩 들이켜고는 출근하러 문으로 달려가는 사람들이었다. 사무실에서 자판기 커피를 마시는 모습이었다. 설사 밖에서 커피를 마신다 해도 간이식당에서 값싸고 맛없는 커피를 홀짝 마신 뒤 서둘러 자리에서 일어나는 게 전부였다. 그들에게는 커피가 일상의 하이라이트가 아니었다. 커피를 찬미하지 않았고, 숭배하거나 신화화하지도 않았다. 커피는 그저 꿀꺽 삼키고는 잊어버리는 대상이었다.

P&G가 이탈리아에서 판매했던 커피는 진하고 풍부했다. 미국인들은 알지 못하는 맛이었다. 게다가 특이하게도 매출의 상당

부분이 카페에서 발생했는데, 카페란 방종한 이탈리아인들이 오직 커피를 마시려는 목적으로 찾는 곳일 뿐이었다.

페퍼가 경영하는 기업의 주력 생산품은 비누와 세제 등 일상생활에 필요한 필수품이었다. 그러므로 페퍼는 두 커피 사업부를 비교하면서 이탈리아 사업부를 일종의 사치로 여겼고, 필수품을 판매하는 기업으로서는 일종의 '일탈'이라고 보았다. 사치품은 P&G에 어울리지 않았고, 다른 제품군과 어울리지 않는 제품 판매는 바람직하지 않다는 판단 아래 페퍼는 고급 커피 사업부를 팔아치웠다.

경영학자 바턴 웨이츠Barton Weitz는 당시 페퍼가 내린 결정을 '다른 것'을 자산이 아닌 문제로 인식한 고전적인 예라고 지적했다. 페퍼에게 이탈리아 사업부란 '뭔가 이상한' 분야였다. 낯선 제품과 친숙하지 않은 시장을 그대로 유지한다는 건 여타 제품군과 구색이 맞지 않을뿐더러 회사 전체에 해를 끼칠 만한 '문제'였다. 존 레넌의 교사들처럼 페퍼는 친숙하지 않은 것으로부터 불리한 점만을 발견하고 그 속에 담긴 미래는 손톱만큼도 보질 못했다.

매각을 발표하면서 페퍼는 이탈리아 사업부가 미국 사업부와 전혀 연관이 없고 쓸모도 없다고 강조했다. 이에 대해 웨이츠는 놀라울 정도로 가난한 상상력의 소산이라고 지적했다. "여기서는 인공 동결 인스턴트커피인 폴저스를 팔고, 저기서는 신선하고 이국적인 원두를 팔았으니 현격히 다른 시장이라는 건 분명했죠.

하지만 맛있는 커피를 팔면 사람들이 말 그대로 줄을 서서 산다는 걸 알기까지 시간이 얼마나 걸렸지요? 두 시장이 똑같아 보이기까지 그렇게 오래 걸렸습니까?"

그리 오래 걸리지 않았다. 페퍼가 사람들이 자사 커피를 좋아한다는 사실을 묵살한 바로 그 무렵, 하워드 슐츠Howard Schultz는 스타벅스 커피 제국의 기반을 닦고 있었다. 슐츠가 영감을 얻은 것은―하필이면―이탈리아 커피 사업이었다. 이탈리아의 에스프레소 바와 카페에서는 맛있는 커피뿐 아니라 커피와 관련된 설렘까지 제공한다는 데 착안한 것이다. 사람들은 카페에서 하루를 시작했고, 한 잔을 더 마시기 위해 또 카페에 들렀고, 날마다 카페에 갔다. 그러면서 카페에는 독특한 무언가가 생겨났다. 다른 곳에서는 찾을 수 없는 어떤 것, 강렬하면서도 편안한 감정이 생겨났다.

P&G는 하워드 슐츠가 이탈리아에 발을 들여놓기 10년 전부터 이탈리아에서 커피를 팔았다. 전문기술과 자원을 갖췄고 자체 원두까지 갖고 있었다. 커피의 미래를 개박할 모든 것이 그들의 손에 있었다. 하지만 이탈리아에서 알게 된 것을 취해 미국 및 전 세계로 파급시키기는커녕 시야를 미국에만 고정시키고 그 밖의 모든 것은 문제가 되는 일탈로 간주했다. 이탈리아에서 특이한 사람들이 특이한 커피를 마시는 것을 보고는 왜 폴저스가 아닌 그런 걸 마시는지 이상하게 여겼다. P&G 제국은 사람들이 열망하

는 커피와 감내하는 커피를 둘 다 갖고 있었으면서도 소비자들이 꾹 참고 마시는 커피를 택했다. 이탈리아는 자신들의 모델에 맞지 않았고 따라서 그건 문제였기 때문이다.

예상할 수 있는 일이지만, 시간이 흐르면서 시장은 사람들이 사랑하는 커피 쪽으로 움직였다. 한때는 폴저스의 하루 이익이 스타벅스의 연간 이익보다 많았지만, 지금은 스타벅스의 이익이 폴저스의 10배가 넘는다. 쉽사리 차지할 수 있었던 시장을 놓친 P&G는 폴저스 사업부마저 매각하고 결국엔 커피 사업에서 완전히 손을 떼고 말았다.

P&G가 보여 주는 교훈은 분명하다. 웨이츠는 "독특한 것을 문제로 인식하는 사람은 차이에 관해 혹독하게 배워야 하는 법"이라고 말했다.

문제를 힘의 원천으로 삼다

중요한 결정을 내려야 할 때 우리는 문제를 이용해서 자기의 존재가치를 확인하곤 한다. 그런데 다른 경우에도, 심지어 즐기기 위한 상황에서도 같은 함정에 빠진다. 문제를 힘의 원천으로 삼으려는 욕구 때문에 때로는 가상의 전투가 사회적 싸움으로 변질되기도 한다.

역사 재연은 크리스티나의 오랜 취미다. "제가 거기에 끌린 건 완벽한 몰입감 때문이에요. 달가닥달가닥 말들이 진흙을 차면서 달리고, 사람들이 하는 말의 90퍼센트는 평소에 쓰지 않는 것들이죠. 그 냄새, 그 소리…… 어느새 전혀 다른 시공간에 놓이게 되죠. 삶을 괴롭히던 사소한 것들은 모두 사라지고 없어요."

역사 재연의 주 대상은 전투 장면이지만 크리스티나의 관심사는 중서부 개척자의 삶이다. 미국 해안지역에 닿기까지 위험한 모험을 감내한, 신세계 안에서 또 다른 신세계를 찾기 위해 미지의 땅으로 더욱 깊숙이 들어갔던 이들의 질박하고 험난한 삶에 흥미를 느꼈다. 크리스티나는 역사 재연을 통한 모험을 사랑하고, 일시적으로나마 시간을 거슬러 여행하는 듯한 즐거움도 사랑하지만, 재연 참가자들이 서로 꼬투리를 잡아 싸움을 거는 건 질색이다.

"정확한 옷차림을 했다고 쳐요. 단추 하나까지 그 시대에 맞게 정확하게. 하지만 옷이 너무 깨끗하면 당시에는 그렇지 않았다는 소리를 듣게 됩니다." 크리스티나가 말했다. "옛날 마을을 재현하려고 건초 더미를 들고 가면, 또 누군가가 나서서 1780년대에는 건초를 그런 식으로 묶지 않았다고 참견합니다. 불행히도 이 취미는 편협함과 엘리트주의로 이어져요. 모든 사람들이 제 모습의 사소한 부분 하나하나까지 평가하려 들기 때문에 저도 남들을 평가하려는 충동이 솟구칩니다. 역사 재연 현장의 모든 사람들이 도그쇼와 미인대회가 뒤섞인 대회의 심사위원이 되는 거죠."

지위가 높은 인물을 연기하는 참가자들은 더욱 기고만장이다. "장군 역을 맡은 사람은 자신이 진짜 장군인 양 행동해요. 장군처럼 걷고 장군처럼 말하면서, 남들도 자기를 장군처럼 대해 주기를 바랍니다. 재연 시작 전이나 중간에도 그러고 끝난 뒤에도 그래요. 그런 사람한테 조언 비슷한 말이라도 해 주면 어떤 태도를 보이는지 아세요? 비천한 사람의 의견에는 귀를 기울일 필요가 없다는 식이죠."

애초에 역사 재연에서는 만사가 모호하기 때문에 시비조로 거들먹거리는 경향이 더욱 강화된다. "전문가를 자처하는 사람들이 판을 칩니다. 이것과 저것 중 역사적으로 어느 게 정확할까라는 질문에 답을 줄 공식적인 책자 같은 게 없거든요. 서로 확실하다고 주장하는 1000가지 의견 대립만 있는 거죠."

재연 모임에서는 역사적으로 부정확한 옷차림이나 행동을 하는 참가자들을 깔아뭉개는 은어까지 나돈다. "그런 사람들을 '파브(farb, 눈길을 끄는 사람을 뜻하는 은어 - 옮긴이)'라고 불러요. '저 파브가 휴대폰으로 통화하는 꼴 좀 봐' 하는 식이죠. 아시다시피 못된 짓이죠. 또 누군가는 그 말을 돌려서 '저 사람은 너무 파비(farby, 비현실적인) 냄새가 난다'고 표현하기도 하죠. 결국 이 사람은 파브, 저 사람은 파비가 되지요. 누구나 파브거나 아니면 파브 냄새를 풍기는 셈입니다." 그러다 보면 시간 여행을 하는 게 아니라 우스꽝스러운 옷을 입고 청문회에 앉아 있는 듯한 느낌을 받게 된다.

크리스티나도 정확을 기하려는 욕구 자체는 인정한다. "당시 사람들이 직접 쓴 자료들을 최대한 많이 읽으려고 하고 있어요. **노력하고 있죠**. 터무니없는 시대착오를 없앨 수 있는 기준을 가져야 하니까요. 하지만 1820년대 이전엔 사진이라는 게 없었어요. 역사적인 장면을 그린 그림이 한두 점 있다 해도 화가들이 눈으로 본 그대로를 그리는 건 아니잖아요."

크리스티나는 같은 취미를 가진 이들이 남들을 깎아내리고 무시하지 않기를 바란다. "누구에게도 기분 좋은 일이 아니에요. 그런 행동으로 배울 수 있는 것도 없고요. 서로를 공격하지 않으면서 정확성을 높이는 쪽으로 가야지요. 엘리트주의에 빠지지 않고도 높은 기준을 가질 수 있습니다. 역사 재연의 핵심은 그게 아니니까요. 고등학생들처럼 어슬렁거리면서 서로 모욕을 주는 게 목적이라면 역사며 말, 진흙, 텐트 같은 게 왜 필요하죠?"

핵심 정리

존 레넌이라는 짜증나는 아이에게 문제아라는 딱지를 붙이면 갑자기 당신의 교수법은 그에게 적절한 것이 된다. 이탈리아 커피 시장을 문제라고 규정하고 거기서 아무것도 배우지 않으면 P&G는 자사의 인스턴트커피가 최고라고 주장할 수 있게 된다. 타인들을 문제—역사 재연 참가자들의 은어로는 '파브'—로 여기면 당신의 옷차림, 말투, 가져온 건초 더미는 다른 사람들의 것보다 나아 보인다. 주위를 둘러보며 샅샅이 문제를 찾아내면 매 순간 당신이 중요한 인물이라는 생각을 할 수 있다. 누군가 단어 목록을 외우지 못하는 걸 문제라고 여기면 암기 능력을 높인다는 명목으로 그에게 벌을 가할 수 있다.

맥락과는 무관하게, 문제를 다루고 있을 때면 우리는 중요한 존재가 된다. 문제가 있으면 중요 인물이 된다. 문제가 있으면 관심을 모으게 된다. 그래서 우리는 자기가 중요한 존재라고 느끼기 위해 끈질기게 문제들을 찾는다.

이처럼 우리가 문제 속으로 열정적으로 뛰어들기 때문에 **우리 중 82.5퍼센트는 남에게 교훈을 준다는 명목으로 신체적인 위해까지 가하게 된다.**

문제를 다루고 있을 때의 우리 모습을 비유하자면 놀이공원의 요술 거울을 보며 화장을 하는 것과 같다. 우리 눈에는 자기 모습이 더 큰 것처럼 보이지만, 다른 사람들이 보기에는 그저 일을 엉망진창으로 만드는 것일 따름이다.

문제에서 힘을 구하지 않으려면

작은 쪽을 취하라 코미디 작가 앨 프랑켄Al Franken에게 큰 행운이 찾아왔다. 〈새터데이 나이트 라이브Saturday Night Live〉에서 그와 파트너 톰 데이비스Tom Davis를 함께 영입하겠다는 제안을 한 것이다. 하지만 무턱대고 좋아할 수는 없었다. 그 쇼의 프로듀서들은 프랑켄 콤비의 작품을 좋아한다면서 둘 다 작가로 고용하고 싶다고 했지만, 둘이 한 팀을 이뤄 일하는 것이니 작가 한 사람분의 비용밖에 지불할 수 없다고 했기 때문이다. 〈새터데이 나이트 라이브〉의 작가로 일하려면 다른 작가들의 절반만 받아야 한다는 뜻이었다. 수긍하기 힘든 조건이었다. 0.5인분으로 취급당하는 건 분명 모욕이었다. 하지만 프랑켄은 그 쇼가 자신의 경력에서 전환점이 될 것이라는 사실을 놓치지 않았다. 훗날 미국 상원의원이 된 프랑켄은 코미디 작가가 의원이 되는 별난 변신이 가능했던 건 돈을 절반만 받고 기꺼이 일했던 덕분이라고 밝혔다. 문제에서 힘을 얻으려는 함정을 피하려면 오늘 당장 무언가를 적게 가져 보라. 반으로 쪼갠 쿠키 중에서 작은 쪽을 택하는 것이라도 해 보라.

추상화를 감상하라 우리는 불확실함과 애매모호함을 못 견딘다. 불확실한 상황과 싸우거나 그로부터 도망친다. 불확실함은 우리에게 **무력감**을 안긴다. 불확실함이 싫어서 단지 자신을 강한 존재로 느끼고 싶다는 이유만으로 잘못된 결정을 내릴 수도 있다. 하지만 상황을 변화시킬 수 있는 대부분의 결정은 불확실함에 적응하고 애매모호함을 포용할 때 가능하다. 어떻게 하면 그렇게 될 수 있을까? 추상화를 보라. 미술관에 가거나, 화집을 펼치거나, 그도 아니면 온라인으로 찾아보라. 잭슨 폴록Jackson Pollock 이나 프랭크 스텔라Frank Stella 의 그림을 보라. 사물을 묘사한 그림만 아니라면 어느 작가의 작품이라도 상관없다. 추상화를 보면 우리는 불편함, 불확실함, 두려움 비슷한 감정을 느낀다.[3] 추상화가 주는 불편한 감정에서 등을 돌리고 싶은 기분을 극복할 수 있다면, 일상생활에서도 문제를 만들지 않고 불확실성을 더 쉽게 감내할 수 있다.

노력하지 마라

처다보는 냄비는 끓지 않는다는 속담이 있다. 정말로 냄비를 뚫어지게 처다보고 있으면 끓지 않을까? 당연히 끓는다. 하지만 오래 처다본다고, 마음이 급하다고, 냄비에 온 신경을 집중한다고 해서 빨리 끓는 것은 아니다. 냄비를 보고 있는 건 헛수고에 불과하며 어찌 보면 오히려 손해다. 끓는 데 시간이 더 걸리는 것처럼 느껴질뿐더러 그 시간에 다른 일도 하지 못한다.

그런데 물을 끓일 때는 그렇다는 걸 잘 알면서도 다른 일에서는 그렇지 못한 게 사람 마음이다. 지금까지 당신이 만난 코치들이 너나없이 했던 말은 무엇이었나? '더 열심히 하라'고 했을 것이다. 교사들은 또 어땠나? 더 열심히 하라고 했을 것이다. 부모, 상사, 그리고 고민을 상담해 주는 디어 애비(Dear Abby, 인생 상담 코너명)는 뭐라고 했나? 더 열심히 하라고 했을 것이다. 이렇듯 성공과 실패를 가르는 차이가 노력이라는 것이 사회적 통념이다.

그런데 노력과 의욕은 우리의 관심을 눈앞의 문제에 집중시킨다. 냄비를 뚫어져라 본다고 해서 물을 끓게 만들 순 없다. 마찬가지로, 내용이 무엇이든, 문제에 집중한다고 해서 그 문제를 해결할 수는 없다. 노력을 기울이고 의욕을 불태울수록 오히려 좌절하기 쉽고 끈질기게 버텨 낼 가능성은 낮아진다.

문제에 집중하는 것은 비생산적인 습관이다. 하지만 문제가 우리의 시선을 빼앗는 힘이 워낙 강한 탓에 누구나 쉽게 빠지는 습관이기도 하다. 문제에 주목하면 심각한 위협을 격퇴하는 중이라는 기분이 들고, 중요 인물이 된 듯한 느낌도 든다. 문제가 우리를 장악하는 힘은, 우리가 선호하는 대부분의 해결책이 문제를 사실상 악화시킬 뿐이라는 사실 탓에 더욱 강화될 뿐이다. 우리는 문제를 덥석 받아 들고 기적의 성장촉진제를 듬뿍 뿌려서 더는 감당할 수 없을 때까지 자라게 만든다.

그런 잘못된 해결책 가운데 으뜸이 노력이다. 그냥 포기하라는 뜻이 아니다. 시도도 하지 말고, 애쓰지도 말라는 뜻이 아니다. 10점이 만점인데 11의 노력을 기울이는 것은 본질적으로 역효과라는 얘기다. 지나친 노력은 문제를 더 크게, 우리의 능력은 더 작게 보이도록 만든다.

노력하지 않을 용기

버드 마이어Bud Meyer는 노력을 열렬히 신봉했다. 열심히 하면 해결 못할 문제가 없다는 게 그의 입버릇이었다. 화공 기술자인 그는 노력 지상주의 철학을 자신의 직업뿐만 아니라 자녀 교육에도 투영했다. 아들 어번 마이어Urban Meyer가 고등학교 야구시합에서 삼진아웃을 당하면 차에 태워 주지 않고 걸어서 집에 가라고 했다. 야구장에서 집까지는 15킬로미터가 넘었다.

다행히 스타 유격수였던 어번은 자주 삼진을 당하지는 않았다. 메이저리그로 진출할 잠재력을 인정받았기에 고3 시즌이 끝나자 메이저리그 스카우터들이 앞다퉈 찾아왔다.

졸업하고 나서 며칠 뒤 어번은 애틀랜타 브레이브스와 계약을 맺었고, 마이너리그 최하위 리그인 루키볼에서 뛰게 되었다.

루키볼에서 어번 마이어는 헤매기만 했다. 브레이브스 팀은 그에게 유격수, 이루수, 삼루수를 맡기고 포수까지 시켜 봤지만 어떤 포지션에서도 두각을 나타내지 못했다. 어번—집에서 2000킬로미터나 떨어진 곳에서 마이너리그 시합을 뛰었던 17세 소년—은 밤마다 아버지와 통화를 할 때 저조한 성적을 보고할 수밖에 없었다. 마침내 그는 도저히 버틸 수가 없다면서 야구의 꿈을 접겠다고 선언했다.

당연히 버드에게 실패라는 것은 극복해야 할 문제였고, 그 방법은 노력뿐이었다. 그는 아들에게 야구를 그만두면 두 번 다시는 얼굴을 보지 않겠다고 통보했다. 영원히 집에서 환영받지 못할 것이고, 매년 딱 한 번 크리스마스 때 어머니와 통화하는 것은 허락하겠지만 아버지의 목소리는 듣지 못할 거라고 했다.

어번은 야구를 그만두지 않았다. 훈련 중 땀을 흘릴 때나 삼진을 당할 때, 원정 경기를 위해 장시간 버스를 탈 때도 어번의 귓가엔 아버지의 말이 계속 울렸다. 하지만 2년간 마이너리그 시즌을 보낸 뒤 어번은 브레이브스에서 무자비하게 방출되었다. 그는 더 이상 야구선수가 아니었다. 이에 대해 그가 최대한 노력을 하지 않았기 때문이라고 말할 수 있을까?

고등학교 야구선수들의 99퍼센트는 어번 마이어만큼 올라가도 못한다. 하지만 거기까지였다. 아무리 노력을 기울여도, 아무리 수치심을 느껴도 어번은 더 이상 나아가지 못했다. 메이저리그는 그렇다 치고 마이너리그로 올라갈 자질도 부족했다.

그렇다고 어번이 스포츠계를 영영 떠난 것은 아니었다. 대학 미식축구팀에서 그저 그런 선수로 뛴 뒤 미식축구 코치의 길로 접어들었다. 이후 그는 플로리다 대학 미식축구팀 감독을 맡았고 전국대회에서 두 번의 우승을 거머쥐며 최고의 지도자가 되었다.

어번이 전국대회에서 첫 우승을 차지했을 때 버드는 아들의 성공에 대한 감상을 묻는 질문에 이렇게 답했다. "딱히 들뜬 건 아닙니다. 아들은 기대한 대로 해냈으니까요."

어번은 무조건 노력하라는 아버지의 열정적인 신념을 비판하지 않았고, 아버지 덕분에 성공할 수 있었다고 공을 돌렸다. 그는 아버지에게 배운 것을 실천하면서 아버지의 사랑을 받는 아들로 계속 살아갔다. 노력이라는 면에서는 누구에게도 뒤지지 않았다. 그러나 바로 그런 자세 때문에 그는 미식축구계를 떠날 뻔했다.

플로리다 대학 감독 시절, 어번은 '승리의 식사 Victory Meal'라는 중요한 기념의식을 진행하곤 했다. 팀이 시합에서 이겼을 때 전원이 모여 저녁식사를 하면서 기쁨을 나누는 행사였다. 그날의 경기 장면이 흘러나오는 가운데 전원이 밥을 함께 먹는다는 것은 보상이고 축하였으며, 팀 전원의 유대감을 강화시키는 계기였고, 그들이 무엇을 위해 뛰는지 보여 주는 수단이었다. 선수들은 승리의 식사를 하면서 개인보다 더 큰 하나가 되어 영광을 누리는 팀을 위해 뛴다는 것을 마음에 새겼다. 승리의 식사에 불참한다는 것은 상상하지도 못할 일이었다. 그것을 위해 경기를 한다고 해도 과언이 아니었으니까.

그런데 승수가 쌓이자 이번은 때때로 승리의 식사를 건너뛰고 그 시간을 다음 경기를 준비하는 데 썼다. 두 번째로 전국대회 우승을 노릴 즈음에는 전혀 참석하지 않았다.

몇 년 뒤 그는 사무실로 가는 도중 경기 영상이 필요해 승리의 식사가 열리는 장소에 잠깐 들렀다. 문을 열자 적막이 그를 휘감았다. 깜짝 놀란 그는 내부를 살펴보고서야 이유를 알았다. 사람이 거의 없었다. 식탁은 텅텅 비었고, 선수 몇 명과 보조 코치 둘만 앉아서 조용히 저녁을 먹는 중이었다. 다들 어디에 있냐고 어번이 묻자 보조 코치가 머뭇머뭇 입을 열었다. 어번이 승리의 식사에 불참하자 선수들도 대부분 오지 않게 되었다고 했다.

어번은 괴로웠다. 팀을 위해 열심히 일한답시고 자기 손으로 만든 단합의 장을 스스로 깨트렸던 것이다. 완벽한 노력이 완벽한 계획은 아니며, 노력을 기울여 모든 문제에 대처하려는 데에는 예상치 못한 비용이 따를지도 모른다는 생각이 들었다. 고등학교 야구 경기에서 삼진아웃을 당해 집까지 걸어갔던 때 이후 처음으로 그는 물음을 던졌다. 노력과 승리가 일직선으로 연결되어 있는 게 아니라 그 사이에 뭔가 다른 게 있는 것 아닐까?

하지만 철학적 고민을 할 여유도 없이 몇 주 뒤에 긴급 상황이 발생했다. 침대에 누워 있던 어번은 숨을 헐떡였다. 가슴 통증을 느끼며 바닥으로 굴러떨어진 그는 몸을 일으킬 수 없었다. 아내가 구급차를 부르는 소리를 들으며 어번은 심장마비라고 생각했다.

어번 가족은 몹시 놀랐지만 의사 말로는 심장마비가 아니었다. 스트레스, 건강을 해치는 습관들, 하루 20시간씩 일하며 누적된 피로를 몸이 버텨 내지 못한 거였다.

그 일을 겪고 어번은 미국에서 가장 열심히 일하는 미식축구 감독이라는 게 자랑이 아니라 위험이라는 것을 깨달았다. 그는 막대한 계약금을 뿌리치고 마흔여섯 살에 은퇴를 선언했다.

은퇴 후 일하는 방식을 되돌아볼 여유를 갖게 된 어번은 필사의 노력을 기울이는 방식이 팀과 자신, 무엇보다 가족에게 상처를 입혔다는 결론에 도달했다. 몇 년 뒤에 오하이오 대학 팀을 맡아 미식축구계로 복귀할 때는 먼저 가족과 계약을 맺었다. 주당 최대 노동 시간 및 가족과 보내는 최저 시간을 정했고, 자신의 건강과 정신적 행복을 보호할 다양한 규칙들을 지키는 데도 동의했다. 또한 그는 한없이 노력하는 것이 팀에게 승리를 가져다주는 것이 아니라는 사실에도 동의했다.

요즘 어번은 한 관리 기법 지침서에 나온 문장을 자주 인용한다. "오랫동안 해 온 방식으로는 문제가 해결되지 않았다는 명백한 사실에도 불구하고, 어째서 사람들은 자기파괴적인 행동을 계속하는 것일까? 게다가 더 열정적으로, 더 빈번하게 해야 한다고까지 생각한다. 마치 올바른 일을 하고 있으니 좀 더 열심히 하기만 하면 된다는 듯."

이 문장을 인용하면서 그동안 일했던 방식을 다시 떠올리자 그간 어번을 재촉해 왔던 아버지의 훈계 —"더 열심히 해. 안 그러면 집에서 환영받지 못할 거야"—가 점차 희미해졌다. 아버지 말대로 노력한 결과 플로리다에서의 일을 그만둬야 했고, 오하이오에서 다시 감독직을 맡는 것도 불가능할 뻔했다. 그는 승리의 식사를 비롯해 중요한 많은 것들을 희생시켜 왔다. 그러다 마침내 그는 노력에는 한계가 없다는 사고방식이 문제의 근원이라는 점을 깨달았다. 어번은 '자멸적 노력'이란 말의 뜻을 찾아보면 "그건 분명 제 모습일 것"이라고 자주 얘기한다. "왜냐하면 정말로 그랬으니까요."

노력할수록 문제도 커진다

명함에는 직업이 글쓰기 코치라고 나와 있지만 샤론은 자신을 코치 겸 교사 겸 심리학자 겸 사회복지사라고 여긴다. "글 쓰는 것만 아니라면 뭐든지 하겠다는 상태일 때 사람들이 저를 찾거든요."

샤론의 고객들은 해야 하는 일 중에서 글쓰기가 가장 어렵다고 생각하는 사람들이다. "텅 빈 화면이나 백지를 쳐다보고 있으면 공포와 절망이 엄습하는 그런 상태죠. 글쓰기를 뒤로 미루기엔 완벽한 조건이에요. 초등학교 4학년 때 이후로 30년간 만나지 못한 친구를 찾아봐야겠다는 생각이 갑자기 들고, 세탁망에 보풀이 뭉쳐 있지는 않은지 더없이 궁금해집니다. 급여명세서가 나왔는지 인사부에 급히 전화해 봐야겠다는 생각도 들지요."

최악의 상태일 때는 단어 하나를 써 내려가는 게 무거운 돌을 하나씩 쌓는 것처럼 힘겹다. "끙끙거리며 겨우 하나를 쌓으면 이번에는 아귀가 맞는 돌을 올린 건지, 무너지지 않고 그대로 있을지 걱정이 됩니다. 그러다 딱 한 개의 돌만 무너져도 전체가 와르

르 쏟아지면서 그들을 덮치는 거죠."

샤론의 도움을 필요로 하는 사람들은 학교에 제출할 에세이를 써야 하는 학생, 전문 용어를 능숙하게 구사해야 하는 기술문서 작성자, 직업 소설가나 논픽션 작가를 꿈꾸는 사람 등 다양하다. 그런데 이들에게는 공통점이 있다. 난생처음 500자 에세이를 쓰는 학생이든, 글쓰기가 직업인 작가든지 간에 똑같은 문제에 시달린다. 샤론의 표현을 빌리면 '불균형한 주의력' 탓이다.

"글쓰기 수업에서는 대개 어떤 기준을 부과하게 마련이에요. '이건 정말 잘 쓴 글이네요'라고 코치가 말했다고 쳐요. 그러면 다음에 글을 쓰려고 할 때 그 예가 저절로 머릿속에 떠오릅니다."

그런데 막상 글을 쓰려고 하면 좋은 예문이 부담으로 다가온다. 그 기준이라는 것에 도저히 맞출 수가 없기 때문이다.

"그러다 보면 글을 쓰려고 안달할수록, 더 애쓸수록 좌절감만 더 커져요. 지금 하는 일에 그렇게 많은 것을 투자했는데도 좋은 글쓰기의 기준에는 한참 미치지 못한다는 생각만 드니까요."

이럴 때 나타나는 전형적인 대응은 더욱 노력을 쏟음으로써 문제를 키우는 것이다. 우리의 글쓰기 교사는 버드 마이어였던 걸까? 샤론은 "더욱 열심히 하게 되고 그러면 문제는 더욱 악화됩니다"라고 말했다.

한 고객은 글쓰기 규칙을 훤히 꿰고 있지만 자리에 앉아 단 한 줄의 문장도 쓸 수 없다면서 샤론에게 도움을 청했다. "그게 핵심이죠. 우리는 무슨 일이든 더 열심히 하면 자연히 익숙해진다고 생각해요. 하지만 좋은 글을 쓰려고 애를 쓸수록 글쓰기가 더 낯설게 느껴집니다. 글쓰기 규칙과 기준들을 죄다 익혔기 때문에 자기가 쓰는 단어들이 하나같이 기준에 어긋나는 것처럼 생각되거든요."

샤론은 글쓰기에 도움이 되는 조언을 볼 때마다 공책에 적어 둔다. 『제5도살장』을 쓴 커트 보니것이 한 말도 옮겨 쓴 뒤 밑줄을 긋고 별을 여러 개 그려 강조해 두었다. 보니것은 "훌륭한 취향을 지니면 글을 쓸 수 없게 된다"라고 작가 지망생들에게 조언했다. 눈이 높아져 자신의 재능 부족을 절감하기 전에 학교를 그만두라는 뜻이었다.

보니것은 대학에서 과학과 인류학을 공부한 것을 행운으로 여겼다. 글쓰기를 전공하지 않았기 때문에 자기에게 글을 쓸 능력이 없다는 것을 알게 될 기회도 없었다는 것이다.

물론 샤론이 고객들의 이미 체화된 기준들을 말끔히 지워 버릴 수는 없다. 그래서 고객들이 글쓰기를 일이 아니라 놀이로 생각하게끔 유도하는 방법을 쓴다.

"고객과 마주 앉아 종이와 연필을 주면서 그 연필에 관해 뭐든지 써 보라고 합니다. 주제는 연필이 아니라 함께 앉아 있는 방이나 고객의 손, 날씨가 될 수도 있겠죠. 쉽게 접근할 수 있고 직접적인 대상을 고릅니다. 그러면서 이렇게 말해요. '규칙 같은 건 전혀 없습니다. 기준도 없어요. 그리고 어떤 내용을 쓰든 저는 그 종이를 구겨서 던져 버릴 거예요'라고요."

샤론이 노리는 건 딱 하나다. 그리고 대부분의 경우 그녀는 원하는 것을 얻는다. "제가 원하는 건 상대방의 미소예요. 자유롭게 글을 쓰지 못하도록, 글쓰기를 즐기지 못하도록 가로막고 있던 댐에 작은 구멍을 하나 내고 싶은 거죠. 던져진 주제는 황당하고 쓴 내용은 바보 같죠. 그런데 그게 글을 쓰게 되는 첫걸음이 되어 줘요."

이어서 샤론은 얼마나 열심히 하는지, 얼마나 많은 규칙을 알고 있는지는 중요하지 않다는 것을 강조하는 일련의 훈련을 이어간다. "인생에 필수적인 다른 것들과 마찬가지예요. 글쓰기도 자연스러운 게 최고죠." 어번 마이어가 일하는 방식에 대해 새로운 시각을 갖기 전까지 거쳤던 과정과 유사하게, 샤론은 고객들의 노력이 강박적이고 기계적인 게 아니라 자연스럽고 인간적인 것이 되는 지점으로 그들을 이끈다.

골프에서 상대방의 집중력을 흐트러뜨리고 싶을 때 쓰는 고전적인 술책이 있다. 상대가 공을 치기 직전에 이렇게 물으면 된다. 백스윙을 할 때 숨을 들이쉽니까, 아니면 내쉽니까? 상대는 아마 모른다고 대답할 것이다. 그런데 그 질문을 받은 뒤에는 자연스럽게 스윙을 하지 못하고 숨을 어떻게 쉬어야 정확한 동작이 나올지 생각하게 된다. "좋은 글쓰기의 핵심도 그거예요. 특정한 것에 대해 생각하는 건 그 일을 하는 게 아니에요. 글쓰기에 대해 생각하고 있으면 글을 쓰는 게 아닌 거죠. 제 도움을 받아 고객이 아무 생각 없이 무조건 글을 쓰는 것이 가능해지면 더 좋은 글을 쓸 수 있습니다. 그러면 스스로 만족할 만한 것을 쓸 수 있게 됩니다."

자발적 흥미가 인센티브를 이긴다

당신은 어떤 실험에 참가하기로 했다. 약속 장소에 갔더니 탁자 하나가 있고, 그 위에는 나무 블록으로 만든 퍼즐 조각들, 도형 그림들, 잡지 몇 권이 놓여 있다. 당신에게 주어진 임무는 퍼즐 조각들로 다양한 모양을 만드는 것이다. 연구원은 도형 그림들을 보고 그대로 만들면 된다면서 몇 번 연습을 시켰다. 그러더니 자신은 각각의 모양을 만드는 데 시간이 얼마나 걸리는지 안이 들여다보이는 이중거울 저편에서 지켜보겠다며 모습을 감췄다.

잠시 궁리한 끝에 당신은 첫 번째 모양을 만드는 방법을 찾아냈다. 이어 두 번째, 세 번째, 네 번째 것도 완성했다. 그때 연구원이 오더니 거의 끝났다고 알려 준다. 가서 도형 그림을 한 가지 더 가져올 텐데 그것만 맞추면 된다고 한다.

연구원이 문을 나선 뒤 당신은 어떤 행동을 할까? 당신 앞에는 블록들이 놓여 있다. 아직 맞추지 않은 도형 그림도 몇 가지 있다. 그 도형들을 맞춰 볼 수도 있고, 멍하니 앉아서 기다릴 수도 있고,『타임』,『뉴요커』,『플레이보이』등의 잡지를 볼 수도 있다.

당신은 몰랐지만, 안이 들여다보이는 이중거울 뒤에는 연구원이 한 명 더 있었다. 그는 바로 그 순간에 당신이 무엇을 하는지 지켜본다. 사실 이것이 바로 실험의 목적이었다. 당신이 또 다른 퍼즐을 맞출까? 아니면 블록은 밀쳐 두고 시사, 재치 있는 카툰, 벌거벗은 여성의 사진을 택할까?

이때 잡지를 집어 든 사람들과 계속해서 퍼즐을 맞춘 사람들 사이에는 한 가지 큰 차이가 있었다. 연구원으로부터 퍼즐 맞추기를 성공적으로 끝내면 상금을 받는다는 말을 들은 사람들은, 연구원이 문을 나서자마자 퍼즐을 밀쳐 버리는 비율이 그렇지 않은 사람들보다 2배나 높았다. 반면에 보상이 따르지 않았을 때는 과제가 끝났다고 생각하면서도 계속 퍼즐을 맞추는 비율이 더 높았다.[1]

이 실험의 조건을 보상이 아닌 처벌로 바꾸었을 때도 유사한 패턴이 나타났다. 주어진 시간 안에 퍼즐을 맞추지 못하면 경적을 울려 시끄럽고 불쾌한 소리를 듣게 하는 부정적 유인을 제시하자, 참가자들은 과제가 끝나는 즉시 퍼즐을 내려놓고 잡지로 손을 뻗었다. 반면 처벌의 위협이 없을 때는 더 많은 사람들이『타임』,『뉴요커』,『플레이보이』대신 다른 퍼즐을 맞췄다.

이유가 뭘까? 왜 사람들은 명확하고 구체적인 인센티브가 제시되었을 때 과제에 대한 열의와 관심이 덜한 것일까? 이 실험을 고안한 에드워드 데시Edward Deci는 궁극적으로 우리의 관심 수준을 결정하는 것은 내재적인 흥미, 일종의 본능이라 할 만한 흥미라고 결론을 내렸다. 인센티브를 사용해 그런 본능적인 반응을 바꾸려고 하면 의도한 것과는 정반대의 반응이 나타난다. 인센티브가 의도된 목적을 더 재미있고, 생기 넘치고, 생생한 것으로 만드는 것이 아니라 냉정한 거래로 바꾸어 버리기 때문에 기회만 닿으면 즉시 과제에서 손을 뗀다.

데시는 이 실험을 변형시켜 여러 번 반복했는데 항상 똑같은 결과를 얻었다. 퍼즐과 실험실이라는 맥락이 아닌 곳에서도 같은 패턴이 나타나는지 보려고 한 대학신문사에서 비슷한 실험을 진행했을 때도 마찬가지였다. 편집장만이 실험이라는 것을 아는 상태에서, 데시의 연구원이 새로운 부편집장으로 투입되었다. 부편집장은 머리기사를 쓰는 학생 팀을 관장하는 게 주 임무였다.

데시는 그 대학신문이 격주로 발행돼서 머리기사 작성 팀도 두 팀이라는 점을 활용했다. 1팀에는 생산성을 기준으로 보상을 하고, 2팀에는 잔업을 해도 별도의 보너스를 지급하지 않기로 했다.

퍼즐 실험에서와 똑같이, 대학신문 기자들도 인센티브에 혐오감을 보였다. 보너스를 약속받은 1팀은 2팀보다 시간당 생산성이 오히려 떨어졌고 결근하는 날도 더 많았다.[2]

데시는 '인센티브＋더 많은 노력＝더 나은 결과'라는 방정식에 오류가 있다는 결론을 내렸다. 인센티브가 더 많은 노력을 유도하지도 않았고, 더 많은 노력을 쏟는다고 더 좋은 결과가 나오는 것도 아니었다. 자발적인 흥미가 최상의 인센티브나 최고의 노력보다 매번 더 나은 결과를 낳았다. 자발적 관심은 지속 요인이지만 인센티브와 순전한 노력은 제한 요인이었다.

"과제에 흥미를 느낀 사람의 힘을 절대 과소평가하지 말아야합니다. 인센티브를 받는 사람의 가치를 과대평가해서도 절대 안됩니다." 데시는 말했다. "리더의 입장에서 남을 이끌 때든, 자신의의욕을 일깨우려 할 때든 같습니다. 과제를 풀고 싶은 퍼즐로 만들면 목표했던 것 이상을 이룰 수 있어요. 보상과 처벌 체계를 도입해 최고 속도로 달리면 결승선 너머로는 한 발자국도 더 나아갈 수 없습니다."

상벌로 아이를 통제하려던 부모

그런 류의 일들이 항상 그렇듯, 미셸과 에릭에게도 시작은 사소했다. 미처 알아차리지 못한 사이에 열다섯 살 브랜던이 점점 미덥지 못한 아들로 변해 갔다. 전부터 해 온 잔디 깎는 일도 두 번, 세 번, 네 번 거듭 잔소리를 해야 마지못해 몸을 움직였다. 분명히전날 오후에 삼각법 숙제를 끝냈다고 했는데 이튿날 아침 식탁에서 코사인과 탄젠트 문제를 푸느라 부산을 떨다가 공책에 시리얼을 엎질렀다.

미셸과 에릭은 걱정이 깊었다. 이런 행동이 굳어지면 대학에 갈 수 있을까? 간다 해도 졸업이나 할까? 직업과 삶, 그 밖의 모든 것에는 어떤 영향을 미칠까? 미셸은 말했다. "과잉반응을 보이고 싶지는 않았어요. 하지만 쉬운 일도 제대로 하지 못한다면 어려운 일이 닥쳤을 때는 어떻게 대처할 수 있겠어요?"

미셸과 에릭은 자잘한 집안일, 숙제 및 학교 공부, 제때 저녁 식탁에 앉기 등 행동 범주별로 차트를 만들었다. 브랜던이 정해진 기준을 충족시키면 매주 음악 다운로드 상품권 같은 것을 주는 소소한 인센티브도 도입했다.

그런데 올바른 행동을 유도하기 위한 수단이었던 차트가 어느새 일종의 성적표로, 올바른 행동과 그릇된 행동을 기록하는 장부 같은 것으로 바뀌었다. 차트만 봐도 브랜던의 태도 변화를 파악할 수 있었다. 좋게 만들려는 노력이 오히려 상황을 악화시킨다는 에드워드 데시의 연구를 몰랐던 부부는 차트에 기록된 숫자들을 보고 충격을 받았다. 아들의 행동을 파악하고, 인센티브를 주는 방식이 의도와는 정반대의 효과를 냈던 것이다. "과제 완료를 뜻하는 체크 표시를 세어 보았어요. 일관되게 숫자가 줄어든 것은 아니었지만 거의 그랬습니다. 아들이 숙제를 안 하고 저녁식사에 항상 늦도록 만드는 게 목표였다면 대성공을 거두었다고 할 만했죠." 에릭이 말했다. "대체 그 아이는 무슨 생각이었을까요? 정말 알 수가 없었습니다. 이런저런 걸 할 거냐고 브랜던에게 물어보면 항상 할 거라고 했어요. 우리가 바라는 게 뭔지 아느냐고 물어도 언제나 그렇다고 했죠. 그러곤 안 하는 겁니다." 게다가 언제부터인가 브랜던은 규칙을 깡그리 무시하는 듯 행동해 부모의 속을 썩였다. 미셸이 말했다. "어느 토요일 밤에는 우리가 정해 준 시간을 4시간이나 넘기고 집에 들어왔어요. 있을 수 없는 일이었죠."

샤론의 학생들이 그랬듯, 버드 마이어의 가르침이 그랬듯 미셸과 에릭은 해 보고 안 되면 더 노력해야 한다고 생각했다. 계획이 실패로 돌아가자 브랜던을 더 죄기로 마음먹고, 규제할 행동의 종류를 늘리고 과제표를 더 세세하게 짰다. 보상 수준을 높이는 한편 처벌도 도입했다. 정해진 기준에 도달하지 못했을 때의 처벌은 토요일 밤 외출 금지, 전자기기 하나 압수, 여름방학 SAT 추가 과외 등이었다. 일정 기간 기준을 충족시키면 아이팟을 돌려주는 식의 보상을 주었다. 브랜던이 열여섯 살이 되자 중고차를 사 주기도 했다.

새로운 방식을 써도 결과는 그다지 바뀌지 않았다. "중요하다고 생각되는 것들은 빠짐없이 챙겼어요. 좋은 것이든 나쁜 것이든. 하지만 아무것도 하지 않는 것과 결과는 비슷했습니다." 에릭은 말했다. "논리로는 설명이 안 됐어요. 뭔가를 갖고 싶으면 A, B, C를 하면 돼요. 그러면 당연히 A, B, C를 해야 되는 거 아닌가요?"

미셸과 에릭은 십 대 자녀를 둔 친구들에게 고민을 털어놓았다. 알고 보니 아이들의 행동을 교정하기 위해 헛심을 쓴 부모는 자기들뿐만이 아니었다.

"이유는 여자친구일 수도, 점수나 게임일 수도 있어요." 미셸은 말했다. "문제, 또는 문제들의 결합 방식은 달라도 결과는 대개 같아요. 허용할 수 있는 선이 무엇인가를 두고 부모는 일종의 규칙들을 정합니다. 그걸 지키게 만들려고 인센티브를 제시하고요. 한편 애들은 그걸 깡그리 무시하는 거죠."

어느 날 브랜던과 함께 TV의 채칼 광고를 보던 미셸은 그간의 노력이 헛수고였다는 걸 깨달았다. "한 번만 갖다 대면 채소와 과일의 껍질이 완벽하게 싹 벗겨지는 그런 채칼이라고 선전하더군요. 브랜던이 '저건 사야 되는데'라고 했어요. 그래서 제가 '값만 비싼 쓰레기야'라고 했죠. 하지만 아들은 제 말에 아랑곳하지 않고 다시 '저건 사야 돼'라고 말했어요. 그때 생각했죠. '아, 우리는 같은 세상을 바라보는 게 아니구나'라고요."

그 순간 미셸은 남편과 함께 만든 차트와 인센티브에 근본적인 문제가 있는 건 아닌지 의문을 품게 되었다. "우리는 브랜던이 은행가나 뭐 그런 사람들처럼 생각한다고 가정했던 거예요. 우리가 제시하는 것의 가치에 관해 생각할 거라고. 하지만 십 대에게는 장기적인 관점에서 사고하라는 방식이 먹히지 않습니다. 그 나이 때는 눈앞의 것밖에 생각하지 않으니까요. 결국 우리는 무작정 밀어붙여서는 문제가 해결되지 않는다는 결론을 내렸습니다."

미셸은 차트를 치우고, 아이팟을 미끼로 거는 것도 중단했다. 접근법을 바꾸어, 부모가 바라는 행동을 하도록 만들기 위해 전처럼 애를 쓰지 않았다. 그러자 효과가 나타났다.

"브랜던과 같이 앉아서 얘기를 했어요. 너를 믿을 수 있으면 좋겠다고요." 미셸은 말했다. "그러면서 아들이 반드시 해야 할 일들이 무엇인지 말했어요. 나머지는 어느 정도까지 봐줄 수 있다고 했죠. 그때부터였어요. 브랜던은 조금씩 나아졌습니다."

노력이라는 가치의 민낯

1940년대 미국 삼림소방대는 산불 진화에 투입되는 전문 모험가들로 구성된 엘리트 팀이었다. 그들은 물이 아니라 기지와 지혜로 산불을 진압했다.

삼림소방대는 산불이 나면 즉시 비행기에 올라타고, 낙하산을 펼쳐 위험 속으로 뛰어내릴 태세를 갖추고 있었다. 발화 지점에 빨리 도착해 산불의 경로를 차단하고 작은 불길이 크게 번지는 걸 막는 게 그들의 임무였다.

몬태나 주 황야 깊숙한 곳에 있는 만Mann 협곡에 번개가 내리쳐 화재가 발생한 그날도 삼림소방대가 출동했다. 그들은 비행기에서 뛰어내리기 전에 낙하산이 달린 라디오를 먼저 지상으로 떨어뜨렸다. 하지만 낙하산이 펴지지 않아 지휘소와의 통신이 끊기고 말았다. 대원들은 이를 심각하게 받아들이지 않았다. 산불의 진행 형태로 보건대 그들이 '10시 산불'이라고 부르는 산불이 분명했다. 이튿날 아침까지는 완전 진화가 가능하다는 뜻이었다. 그들이 지상에 떨어지자마자 점심부터 먹었던 것도 그래서였다.

그런데 점심식사를 끝내고 보니 낙관적인 전망이 순식간에 무너졌다. 불길이 안전지점으로 여기고 착륙했던 협곡을 에워쌌다.

대장인 왝 도지Wag Dodge는 산불을 재빨리 진압한다는 계획을 접고 급히 총퇴각을 지시했다. 하지만 풀이 너무 무성했다. 무거운 장비를 짊어진 채 허리까지 올라오는 풀을 헤치며 산을 기어오르려니 속도가 느릴 수밖에 없었다. 불길이 그들보다 빠르게 움직였다. 도지는 장비를 짊어진 채로는 불과의 경주에서 이길 수 없다고 판단하고 대원들에게 장비를 모두 버리라고 명령했다. 하지만 대원들은 말을 듣지 않았다. 그 명령은 소방대원의 신념에 어긋나는 것이었다. 장비는 대원들의 일부분이었다. 그들의 정체성이자 그들이 거기 있는 이유이기도 했다. 장비를 갖추고 있어야 삼림소방대원이었다. 장비를 내던진다면 그곳에 있을 필요가 없는 무력한 구경꾼으로 전락하는 셈이었다.

더 노력하지 않으면 크리스마스 때 가족의 환영을 받지 못할 거라는 경고를 받은 소년처럼, 삼림소방대원들은 이를 악물고 힘을 더 쏟았다. 불길과 경주하면서 한편으로는 산불과 싸울 근거지를 찾아 두리번거렸다. 산불은 문제였고, 문제는 최대한의 노력으로 대처해야만 했다. 그것이 불과 싸우는 유일한 방법이었다. 나약함이 낄 자리는 없었다.

도지는 완강한 대원들이 이길 수 없는 경주를 계속하는 걸 막으려는 필사적인 마음에서 다른 명령을 내렸다. 일부러 따로 불을 내자는 것이었다. 좁은 지역을 태워 빈터를 만듦으로써 산불의 먹잇감을 없앤 뒤에 거기 납작 엎드려 불길이 통과하기를 기다리자고 했다. 산불을 전혀 제어하지 못하고 불길에 휩싸이는 것에 비하면 최소한 불길이 덮치는 시점만이라도 정할 수 있는 기회였다.

본래 삼림소방대는 늘 불을 놓았다. 이러한 역화로 야생의 불길이 움직이는 방향을 통제하는 것은 일반적인 진화 방법 중 하나였다. 그런데 지금은 진화를 생각할 여유가 없었다. 도지의 계획은 불길 내부에 작은 칸막이를 확보하자는 데 불과했다.

대원들은 반대했다. 일부러 불을 내는 건 진화를 위한 것일 때만 의미가 있다고 믿었다. 상상할 수 있는 가장 강력한 인센티브가 주어진 상황에서, 대원들은 부질없는 노력을 더 쏟아야 한다는 데 집착했다. 대장의 명령을 창의적인 발상으로 받아들이지 않고, 멍청하거나 나약해서 그런 명령을 내린 거라고 생각했다. 어느 쪽이든 대장이 제대로 명령을 내릴 수 없는 상태란 뜻이므로 복종할 필요가 없었다.

도지가 혼자서 주변에 불을 놓고 몸을 숨길 공간을 태우는 동안 대원들은 장비를 꽉 움켜쥐고 계속해서 달렸다.

도지의 계획은 제대로 먹혔다. 불길은 태울 게 아무것도 없는 빈터를 지나쳤고, 그는 무사히 살아남았다. 대원들은 어디에 있는 걸까? 도지는 수색에 나섰다. 팀원 열다섯 명 가운데 목숨을 건진 건 겨우 두 명뿐이었다.

노력이라는 가치의 민낯을 보여 주는 사례로 이보다 더 가슴 아픈 사건은 찾아보기 힘들다. 순전한 노력은, 그 자체로는, 아무 소용이 없을 수도 있다. 오히려 해악이 될 수도 있다. 도지는 검댕과 재와 먼지 속에 납작 엎드렸다. 도저히 제지할 수 없는 적으로부터 몸을 숨기고 훗날 다시 싸우기 위해 목숨을 보전했다. 대원들은 산불을 전력으로 대처해야 할 문제로 보았고, 최후의 순간까지 무거운 장비들을 짊어진 채 불보다 빨리 달리기 위해 온몸의 힘을 짜냈다. 그 노력 탓에 목숨을 잃는 순간까지 전력을 다했다.

삼림소방대원들은 죽음을 맞이하는 그 순간에도 몸에 지닌 장비들을 내려놓지 않았다. 그들이 죽음을 맞은 이유는 불과의 싸움에서 패배하기를 원치 않았기 때문이다. 하지만 그 싸움에서는 살아남는 것만이 유일한 승리였다. 그들은 상황에 맞는 해결책을 찾으려 하지 않고 문제에 매달렸고, 그런 결정이 죽음을 불렀다. 당시 그들에게 주어진 인센티브와 그들이 쏟았던 노력으로도 상황을 정확히 판단할 수 없다면, 아무리 대단한 인센티브와 노력이 주어져도 마찬가지일 것이다.

핵심 정리

답이 정해져 있어서 굳이 하지 않는 질문이 있다. 문제가 있어 고민하고 있다면 어떻게 해야 할까? 더 노력하라는 것이 정해진 답이다. 무슨 일이 있어도 경쟁에서 이겨야 한다면? 판돈을 키우고, 인센티브를 내걸고, 관심을 쏟으라는 것이 답이다. 정말로 그렇게 한다면 한 가지 명확한 효과가 나타나긴 한다. 문제가 더욱 악화되는 것이다.

삼림소방대원들의 생명이 위험했을 때, 어번 마이어의 경력이 위태로웠을 때 전면적인 노력은 위협이고 장애물이었다. 노력은 샤론의 글쓰기 코칭을 받는 이들의 좌절감만 부풀렸고, 미셸과 에릭 부부는 애써 고안한 시스템이 십 대 아들을 더 엇나가게 만든 건 아닌지 속을 끓여야 했다. 그들은 전력을 기울이는 것이 곧 성공으로 이어진다는 매혹적인 믿음을 갖고 있었다. 하지만 에드워드 데시의 실험이 보여 주듯, 강제된 노력은 자연스러운 호기심에 항상 무릎을 꿇는다. **자진해서 과제를 계속 수행하는 비율은 인센티브가 없을 때 배로 더 높다.**

최대치의 노력을 쏟아붓는 것은 어리석은 위안거리일 따름이다. 기력을 소진하고, 비합리적인 결정을 내리게 되고, 과제에 자발적인 흥미를 느낄 수 없게 된다. 할 만큼 했다는 위안을 받을 수는 있지만 올바른 방법은 아니다.

누구나 경험했을 법한 예를 들어 보자. 셔츠에 아주 작은 얼룩이 묻었다. 잘 보이지도 않는 작은 얼룩이다. 하지만 신경이 쓰인다. 내버려 두어도 별 상관없지만 아무래도 지우는 쪽이 개운하다. 그래서 손톱으로 긁어 본다. 지워지지 않는다. 냅킨에 물을 묻혀 문질러 본다. 얼룩이 번지면서 섬유 사이로 완전히 스며들어 버린다. 작고 희미했던 얼룩이 시커멓게 번져 멀리서도 눈에 띈다. 할 수 있는 걸 전부 했더니 처음보다 오히려 얼룩이 심해졌다.

우리가 작은 얼룩을 내버려 두지 못하고 굳이 건드려서 문제를 악화시키는 데는 이유가 있다. 안 되면 될 때까지 애써야 한다고 배워 왔기 때문이며, 그것이 옳다고 믿기 때문이다. 하지만 효과는 없다.

무의미한 노력을 쏟지 않으려면

연습하지 마라 중요한 일을 앞두면 우리는 더욱 철저히 준비하려 든다. 하지만 사전에 거듭 어떤 것을 반복하면 관점과 실행 방식이 하나로 고정되며, 그 과정에서 자발성과 가능성이 배제된다. 브루스 스프링스틴이 〈비포 before〉를 밴드가 충분히 곡을 익히기 전에 녹음했던 것도 그래서다. "각자 자기 파트를 지나치게 잘 알게 되면, 죽자 사자 연주를 하는 게 아니라 의식적인 공연을 하게 되거든요." 그는 녹음을 할 때 밴드가 다소 거칠긴 해도 생생한 연주를 하면 두 손을 들면서 이렇게 말하곤 한다. "좋아요. 여기서 조금 더 나아지면 지금처럼 좋지 않을 거예요."

속도를 늦춰라 힘을 최대한 쓰는 것이 최고의 운동법일까? 우리는 빨리 달릴 때 소모되는 열량은 과대평가하고 천천히 달릴 때 소모되는 열량은 과소평가하는 경향이 있다.[3] 실은 천천히 달리는 게 더 건강에 이로운데도 빨리 달릴 수 없다는 이유로 많은 사람들이 운동을 포기한다. 우리는 달리기뿐 아니라 모든 일에 같은 논리를 적용한다. 속도를 노력과 결부시키기 때문에 거의 모든 일에서 속도를 과대평가한다. 하지만 속도에 집착하면 쉽게 지쳐서 다른 가능성을 보지 못하게 된다. 오늘은 무슨 일이든 한 가지만 정해서 좀 천천히 해 보라. 그렇게 했을 때 얼마나 많은 것을 얻게 되는지 확인하라.

조직의 힘을 믿지 마라

우리 모두가 텍사스 주의 애빌린으로 가는 버스를 탄다면 어떻게 될까?

미 육군 장교들이 조직관리 비디오를 시청한 뒤에 떠올린 물음이다. 그 비디오에는 어느 더운 여름날, 포치에 나와 있는 가족들이 등장한다. 한 사람이 "지루해"라고 말하자 모두들 "나도 지루해"라며 맞장구를 쳤다. 그 가족은 무료함을 달래려고 버스 정류장으로 향했다. 마침 빈자리가 있는 버스가 도착했는데 애빌린으로 가는 버스였다. 그런데 막상 버스에 오르자 가족 중 한 사람이 말했다. "진짜로 애빌린에 가고 싶은 건 아니었는데." 그러자 다른 사람이 "나도 가고 싶지 않았어. 네가 가고 싶어 하는 줄 알았지"라고 말했고, 모두가 비슷한 심정을 털어놓았다. 결국 가족 중 애빌린에 가고 싶었던 사람은 **아무도** 없었던 것이다.

그 비디오는 집단의사결정의 함정에 관한 간결하고 생생한 경고를 전달하기 위한 것이었다. 합리적인 개인들로 이루어진 집단이 무의미하고 비이성적인 결정을 내릴 수도 있다. 구성원 각각은 전혀 지지하지 않는 결정을 집단은 만장일치로 지지할 수도 있다. 집단은 전 구성원의 능력치를 단순히 더한 것이 아니다. 때로는 n이 1/n에 못 미치기도 한다.

그 비디오는 장교들의 기억 속에 잠재되어 있다가 집단의사결정이 잘못된 방향으로 치달을 때면 의식 표면에 떠올랐다. 그때 제동을 걸려면 "지금은 우리 모두가 애빌린 행 버스에 오르는 것 같다"고만 말하면 되었다.

중요한 결정이 이루어지는 회의실의 반짝이는 탁자에 의자가 많이 놓여 있는 데는 이유가 있다. 우리는 많을수록 좋다고 믿는다. 많을수록 좋다고 배워 왔다. 어떤 일을 해결하는 데 관계자 수가 **적을수록** 좋다는 말은 들어 본 적이 없다.

하지만 집단 역시 개인이 직면하는 한계와 동일한 한계에 직면한다. 개인이 해결책이 아니라 문제에 초점을 맞추는 경향이 있는 것처럼, 집단도 똑같은 경향을 보인다. 오히려 집단이기 때문에 더 나쁜 방향으로 치달을 수 있다. 전원의 관심이 문제의 특정 일면에만 고정되어 문제를 더욱 악화시키기도 한다.

컴퓨터공학자 프레더릭 브룩스Frederick Brooks는 "소프트웨어 프로젝트가 지연되고 있을 때 인력을 추가하면 개발이 더 늦어진다"고 했다. 일과 삶의 모든 측면에서도 마찬가지다. 문제에 관여하는 사람들을 늘리는 것으로는 해결되지 않는다. 사람이 많아지면 문제도 더 많아진다.

국가와 기업이 하지 못한 일을 해낸 소녀

고등학생인 캐서린 봄캠프Katherine Bomkamp는 월터 리드 육군병원 대기실 같은 곳에서 많은 시간을 보냈다. 상이군인인 아버지가 치료를 받는 동안, 캐서린은 차례를 기다리는 다른 환자들과 이야기를 나누곤 했다.

캐서린이 상이군인들의 상태를 물은 건 "괜찮다"는 말을 들으려는 게 아니었다. 정말로 알고 싶었던 것이다. 그들이 어디를 다쳤는지, 어떤 재활치료를 받고 있는지, 힘든 일은 없는지, 어떤 도움이 필요한지 궁금했다. 대부분의 사람들이 쉽게 꺼내지 못하는 물음이었지만 캐서린은 에두르시 않았다.

그런 질문을 던지고 대답을 담담히 받아들이려면 강해야 했다. 캐서린이 만난 상이군인들은 이라크와 아프가니스탄에서 막 귀환한 이들이었고 부상이 심각한 사람들도 많았다. 상이군인들을 독려하고 응원했던 캐서린은, 어쩌면 그들이 고통을 터놓고 얘기하게 만들었다는 것만으로도 큰 도움이 되었을 것이다.

그들의 이야기는 비통하면서도 감동적이었다. 하지만 상이군인들이 똑같은 고민을 얘기하자 캐서린은 교감을 표하며 이야기를 들어주는 것에서 한 걸음 더 나아가고 싶었다. 전쟁에서 팔다리를 잃은 군인들의 상황을 바꿀 수 있는 게 무엇일지 그녀는 고민했다. 상이군인들은 가장 고통스럽고 무섭고 혼란스러운 것 중 하나가 환지통(幻肢痛, 팔다리 절단 후에도 팔다리가 있는 듯이 느껴지는 통증–옮긴이)이라고 입을 모아 말했다. "그들의 얘기에 귀를 기울이다 보면 반드시 환지통 얘기가 나왔어요"라고 캐서린은 말했다.

우리의 팔다리를 통제하는 것은 뇌다. 뇌는 팔이나 다리를 잃은 뒤에도 그간 하던 대로 팔다리에 할 일을 지시하는 신호를 보낸다. 신호가 효력을 발휘하지 못하면 뇌는 존재하지 않는 팔다리와의 연결을 시도하고, 그 과정에서 진짜 통증이 발생한다.

환지통을 호소하는 상이군인들에게 의사들은 강력한 정신병 치료제 및 신경안정제를 처방했다. 캐서린이 군인들로부터 들은 이야기와 훗날 직접 자료를 찾아보고 알게 된 내용에 따르면, 약은 환지통을 완화하는 데 도움이 되지만 끔찍한 부작용을 동반했다. 정신병 치료제는 무기력, 둔감, 그 밖의 새로운 증상을 일으켰고, 신경안정제는 심각한 약 의존증을 초래했다.

"우리를 위해 몸의 일부를 잃은 분들이에요. 그런데 도움을 주기는커녕 오히려 새로운 문제를 만드는 약들만 안겨 주다니요." 캐서린은 그런 논리를 도저히 이해할 수 없었다. 다리 한 쪽을 잃은 군인에게 필요한 것은 그의 뇌가 몸과 연결되는 방식을 바꾸는 약이 아니라 부상당한 부위에 대한 치료였다.

그토록 중요하고 끔찍한 고통에 대한 반응이 그토록 미적지근하다는 것도 이해할 수 없었다. 캐서린은 분명 더 나은 해결책이 있을 거라고 생각했다. 상이군인들에게 외려 상처를 입히는 것보다는 나은 방식이 있을 터였다.

그렇다면 월터 리드 및 다른 군 병원의 의사들은 왜 더 나은 대응을 하지 못한 걸까? 대학 연구자들은 뭘 한 걸까? 의료장비 업체들은? 200만 병사들이 있는데 군은 거기에 관한 노하우가 없는 걸까? 조국을 위해 싸운 군인들이 과학을 절실히 필요로 할 때 그들은 왜 더 나은 해결책을 제시하지 않았을까? 당연히 위의 모든 기관들은 환지통에 관해 상당한 지식을 갖고 있었다. 하지만 문제 속에 있었기 때문에 그들의 눈에는 해결책이 보이지 않았다.

그 거대 기관들이 어째서 모두 실패했는지 이해할 수 없었지만 캐서린은 혼자 힘으로라도 환지통을 해결하려고 마음먹었다. 고등학생인 그녀는 과학이나 의학, 보장구에 대해 관심도 전문지식도 없었다. 하지만 자기가 만났던 상이군인들을 진심으로 걱정했으며 더 나은 답이 있을 것이라고 믿었다. 그래서 캐서린은 연구 주제로 환지통 치료를 선택했다. 여느 학생들이 하는 화산 모형 만들기나 햄스터 미로 실험과는 사뭇 다른 주제였다.

캐서린의 접근법은 한 가지 핵심 아이디어에 집중되었다. 주의 전환 distraction 이었다. "몸이 없어진 사지와 의사소통을 하는 데 개입해서, 사지를 통제하려는 노력을 다른 곳으로 돌릴 수 있다면 통증을 없앨 수 있을 거라고 생각했어요."

주의 전환을 목표로 삼은 캐서린은 뇌의 주목을 끄는 데 열이 위력을 발휘한다는 것에 착안을 했다. 발열 보장구를 착용하면 뇌가 없어진 사지에 신호를 보내는 대신 열에 반응하는 데 집중하도록 만들 수 있지 않을까?

캐서린은 상점에서 산 부품들로 임시변통의 모델을 만든 다음 군 병원에서 만났던 몇몇 군인들을 대상으로 시험을 했다. 군인들은 캐서린이 자기들을 도우려고 한다는 사실에 기뻐했고, 캐서린은 긍정적인 결과를 얻고 기뻐했다.

혼자서 힘닿는 데까지 아이디어를 발전시킨 캐서린은 지역 대학교수들에게 특별 수업을 청해 전기공학의 기본을 익힌 뒤 발열 보장구 시제품 제작에 본격적으로 나섰다.

안전하고 내구성 있는 발열체에 관한 실용 지식으로 무장은 했지만, 기존 보장구 디자인에 그 아이디어를 성공적으로 접목할 수 있는지 보려면 시판 중인 제품이 필요했다. 캐서린은 보장구 업체 목록을 뒤져 일일이 전화를 걸었다. 시험하는 데 필요한 의족을 제공해 줄 수 있나요? 저와 함께 작업을 해 보지 않으실래요? 하지만 그간의 과정, 나름의 이론, 현재 결과 등 진전시킨 내용을 채 설명할 틈이 없었다. 보장구 관련 경력이 전무한, 고등학교도 졸업하지 않은 소녀라는 데서 얘기는 끝났다. "중간에 전화를 덜컥 끊어 버리기 일쑤였어요. 하나같이 이렇게 말했죠. '그게 제대로 작동할 리가 없잖니. 넌 어린애에 불과해. 내 시간을 허비하지 마라.'"

그래도 캐서린은 주저앉지 않았다. 고등학교를 졸업하고 대학생이 되어서도 발열 보장구 개발에 매달렸다. 그녀는 계속해서 앞으로 나아갔고, 마침내 그녀의 말에 귀를 기울여 주는 기업이 나타났다. 실험 결과가 지속적으로 좋게 나온 데 고무되어 특허도 출원했다. 신형 모델은 사용자가 보장구의 온도를 스마트폰으로 조절하는 단계로까지 발전했다.

개인적인 보상도 따랐다. 캐서린은 발열 보장구를 만드는 회사를 설립했고, 런던에서 열린 왕립의학회 혁신회의에 최연소 발표자로 초청되었으며, 과학박람회에서 1등상도 받았다.

말을 꺼내기도 전에 보장구 업체들에게 퇴짜를 맞은 건 아픈 경험이었다. 하지만 캐서린은 그때 그들의 말을 따르지 않았다는 것을 중요한 교훈으로 여긴다. 요즘 그녀는 기업가 양성 프로그램의 학생들에게 이렇게 가르친다. "대기업에서 거절한다는 것이 곧 당신이 틀렸다는 뜻은 아닙니다. 어쩌면 당신이 너무 옳기 때문일 수도 있어요."

장관을 무능력한 존재로 만드는 보좌관들

로버트 라이시Robert Reich가 미 노동부 장관에 취임했을 당시, 노동부 직원은 1만 7천 명, 예산은 100억 달러였다. 노동부 장관으로서 라이시는 작업장의 안전 보장, 미숙련 노동자의 직업훈련, 임금 및 복지를 비롯한 노동 관련법의 집행 책임을 맡았다. 부서의 규모와 업무만 해도 어마어마한 마당에, 노동부의 임무를 둘러싼 내부와 외부의 논쟁을 포함해 정치적 기류와도 씨름해야 했다. 한마디로 어려운 과제였다. 학생들을 가르쳤고, 연구실에 틀어박혀 일본 경제에 관한 논문을 썼던 교수 출신이라는 경력은 그다지 도움이 되지 않았다. 노동시장에 관한 이론으로 무장하고 있었지만 노동부는 물론이고 큰 조직을 운영한 경험이 전혀 없었다.

막대한 과제를 감안해, 내각 사무처는 장관 업무를 보조하는 인력을 대량 공급해 주었다. 몇 달이 정신없이 흘러갔다. 라이시는 노동부 곳곳을 돌아보고, 유관기관들과 접촉하고, 전국을 돌며 강연을 하고, 필수 예산을 따내는 데 필요한 대통령의 지원을 얻기 위해 끝없는 전투를 벌였다.

그러던 중 라이시는 문득 한 가지 사실을 깨닫고 충격을 받았다. 일정에 대해 그의 의향을 물어보는 사람이 아무도 없었던 것이다. 어디로 가고 싶은지, 누구와 대화하고 싶은지 사전에 확인하는 과정이 없었다. 하루를 빡빡하게 채우는 강연 등 여러 약속들이 어떤 절차를 거쳐 정해졌는지 의문이었다. 라이시는 보좌관들을 불러서 물었다. "제 일정을 짜는 기준이 뭡니까?"

보좌관들은 깜짝 놀랐다. 당연히 장관이 알고 있을 거라 생각했기 때문이다. 어쨌거나 그들은 참을성 있게 설명했다. "장관님께서 전화, 서한, 메모, 초청장 등등 모든 것들을 샅샅이 검토할 시간이 있었을 경우에 선택하실 법한 것들로 일정을 짜고 있습니다."

보좌진은 라이시가 단박에 수긍할 줄 알았다. 장관이 귀한 시간을 쪼개어 직접 일정을 짜다니, 터무니없는 일이었다. 하지만 라이시의 의문은 풀리지 않았다. 내가 선택할 법한 게 뭔지 어떻게 아는 걸까?

보좌진은 워싱턴 정가 내부자들 특유의 답변을 내놓았다. "걱정 마십시오. 저희는 알고 있습니다."

라이시는 보좌진을 신뢰하고 있었다. 그들이 자신의 핵심 가치관을 공유하며 노동부에 강한 소속감을 갖고 있다고 믿었다. 하지만 그들이 자기 주위에 거품을 쌓아 올렸다는 사실에는 당황하지 않을 수 없었다.

훗날 라이시는 이렇게 말했다. "그들은 저 같은 사람에게 필요하다고 자기들이 판단한 편지, 전화, 메모, 사람, 회의, 이벤트만 제게 전달했습니다. 그런데 제가 '저 같은 사람'이 보고 들어야 하는 것만 보고 듣는다면, 독창적이거나 비범한 생각은 절대 그 거품을 뚫고 들어올 수 없습니다. 제가 놀라거나 충격을 받는 일도 없고, 어떤 것도 다시 생각하거나 재평가할 필요도 없겠지요. 정말로 보고 들을 필요가 있는 것들, 세상에 관한 제 선입견에서 비껴난 것들을 마음 편히 무시한 채 주어진 일정표대로 움직이면 되는 겁니다."

거품을 지키는 다섯 명의 수호자들은 그의 염려에 고개를 흔들었다. 그 거품은 장관의 시간을 낭비하게 만들고, 괴롭히고, 아무 도움도 안 될 사람들로부터 그를 보호하는 것이라고 말했다.

라이시는 보좌진의 말에 완벽하게 공감했다. 그들은 그의 시간을 수호하면서 장관의 제한된 시간이 올바른 과제에 집중되도록 애썼다. 하지만 라이시의 눈에는 그 결과가 명확히 보였다. 그의 시간이 그 자신을 기쁘게 할 일에만 사용된다면 손을 더럽힐 이유가 없었고, 그러면 결국 아무것도 성취하거나 해결할 수 없을 터였다. 라이시는 보좌진의 그런 태도, 자기 시야에 오직 좋은 것들만 들어오게 하려는 방식은 두 살짜리 아이를 키울 때나 딱 좋을 거라고 그들에게 말했다. "하지만 당신들은 노동부 장관을 보좌하고 있습니다."

캐서린 봄캠프가 기업들의 반사적인 거부에 부딪혔던 상황과 로버트 라이시가 처한 상황은 정반대였다. 보좌관들은 반사적인 칭찬만을 보고 듣게 했다. 하지만 정보를 차단하고 새로운 해답으로 연결되는 잠재 경로를 봉쇄했다는 점에서는 마찬가지였다.

라이시는 보좌관들에게 자기를 기쁘게 하는 우편물뿐 아니라 앞으로는 "거친 편지, 헐뜯는 편지"도 가져오고, 나쁜 뉴스도 실시간으로 알리라고 지시했다. 또 노동부 직원들의 불만을 직접 들을 것이며, 노동자들과의 공개 회의를 마련해 그들의 요구 사항을 듣겠다고 했다. 기업 경영자들 및 경제 단체들과의 회의도 매주 잡으라고 지시했다. 그래봤자 장관이 잘못하고 있다는 소리나 들을 게 뻔했다. 하지만 라이시는 그 말을 직접 듣고자 했고, 자신이 그들의 생각을 바꿀 수 있는지 알고 싶었다.

남들이 틀리면 나도 틀리겠다

계단을 올라갔더니 여덟 명의 사람들이 복도에서 서성이며 대기하고 있다. 당신도 그들과 함께 기다린다.

잠시 후 연구원이 나타나 문을 열고는 모두들 자리에 앉으라고 한다. 방에 놓인 의자의 수는 사람 수와 정확히 일치한다. 사람들이 서둘러 자리를 차지하고 뒤에서 두 번째 의자 하나만 남았다. 당신은 그 의자에 앉는다.

연구원이 과제를 설명한다. 시지각視知覺에 관한 실험이라고 한다. 참가자 전원이 같은 것을 본 다음 질문에 큰 소리로 대답하면 된다.

실험이 시작되자 연구원이 카드 두 장을 보여 준다. 왼쪽 카드에는 선이 하나만 그려져 있고, 오른쪽에는 각각 1, 2, 3이라는 번호가 붙은 선이 세 개 있다. 왼쪽 카드에 그려진 선의 길이가 20센티미터라면, 비교 대상인 오른쪽 카드에 그려진 선은 각각 15센티미터, 20센티미터, 17센티미터다. 참가자들은 오른쪽에 있는 선들 중에서 왼쪽 선과 길이가 같은 선이 몇 번인지 답하면 된다.

실험에 앞서 연습으로 몇 가지 예제를 푼다. 고민할 필요 없이 바로 답이 나오는 문제들이다.

연습이 끝나자 연구원은 새 카드를 한 세트 꺼낸다. 실험은 참가자들이 차례로 답을 말하면 연구원이 받아 적는 식으로 진행된다. 첫 번째 의자에 앉은 사람이 가장 먼저 답하고, 두 번째 의자에 앉은 사람이 두 번째로 답하는 방식이어서, 일곱 번째 의자에 앉은 당신은 일곱 번째로 답을 말한다. 매우 간단하다.

그런데 두 장의 카드에서 길이가 같은 선을 찾는 실험에서 네 번째 문제가 나오자 석연치 않은 일이 벌어진다. 당신이 보기에는 정답이 오른쪽의 2번 선 같은데 첫 번째 의자에 앉은 사람은 활기차고 단호하게 '1번'이라고 대답한다. 분명 그 사람이 틀렸는데 아무도 눈치채지 못한 것 같다. 누구도 그에게 의아한 시선을 던지지 않는다. 연구원도 전혀 내색하지 않는다.

그러자 두 번째 의자에 앉은 참가자도 '1번'이라고 한다. 이번에도 다른 참가자들과 연구원은 무반응이다. 세 번째 사람 역시 주저 없이 '1번'이라고 하고 네 번째, 다섯 번째, 여섯 번째 참가자도 마찬가지다.

당신 차례가 되었다. 길이가 같은 건 분명 2번 선이다. 그런데 왜 모든 사람들이 1번이라고 하는 걸까? 일종의 착시현상인 걸까? 내가 앉은 각도에서만 달리 보이는 건가? 아니면 그들이 앉은 자리에서 그렇게 보이나? 내 눈이 이상한가? 저 사람들에게는 나보다 더 뚜렷이 보이는 걸까? 모든 사람이 1번 선이라고 했다. 전원이 틀릴 수도 있나?

당신은 주저한다. '어째야 좋을지 모르겠네요'라는 의미를 담은 불편한 미소를 짓는다. 당신은 잠시 손으로 얼굴을 감싸 쥔다. 주위를 둘러본다. 이맛살을 찌푸린다. 내가 놓친 게 있을까? 내 생각대로 말해야 하나, 아니면 남들과 같은 답을 말해야 하나? 나 혼자 다른 답을 내놓으면 저 사람들이 짜증을 내지 않을까? 다들 잘하는데 나만 문제라고 연구원이 생각하지 않을까? 내가 연구를 망치고 있는 건가?

당신은 같은 상황에 처한 사람들 4명 중 3명이 하는 것과 동일한 선택을 한다. "1번입니다." 당신은 일부러 틀린 답을 골랐다. 모든 사람이 그렇게 했기 때문이다. 모든 사람들이 본 것을 지지하고 당신 눈으로 본 것을 거부했다.

이 실험을 고안한 솔로몬 아시Solomon Asch 가 규명하려던 것이 바로 그것이다.[1] 실험 참가자는 '단순하고 명백한 사실'을 말할 것인가? 나머지 구성원들에게 동조해 일부러 틀린 답을 고를 것인가?

당신은 몰랐지만, 다른 참가자들은 모두 오답을 말하라는 지시를 받은 사람들이었다. 그 실험은 지각에 관한 것도, 각도나 시력에 관한 것도 아니었다. 일부러 틀린 답을 제시하고 당신이 어떻게 하는지 보는 게 목적이었다.

아시는 집단 동조의 위력을 강조하기 위해 의도적으로 단순하고 명백한 사실을 놓고 실험을 했다. 집단 속에 있을 때, 우리는 의심스러운 의견이나 주장 앞에서만 흔들리는 것이 아니라 기본적 사실을 명백히 틀렸을 때마저도 흔들린다.

아시의 실험에서 집단의 오답에 맞춰 자신의 답을 최소한 한 번 이상 바꾼 참가자가 4명 중 3명이었다는 건 주목할 만하다. 이들에게 오답을 말한 이유를 물었을 때 나온 답변 또한 의미심장하다. 다수가 집단에 대한 순전한 존중을 이유로 들었는데, 한 참가자는 "아홉 명 중 여덟 명이 나와 다른 걸 봤다면 객관적으로는 분명히 그들이 옳을 것"이라고 아시에게 말했다.

남들이 명백히 틀렸다고 생각했지만 강경하게 맞설 자신이 없었다는 참가자들도 있었다. 한 참가자는 "남들이 틀린 건 확신했지만 그렇다고 내가 옳다고는 확신할 수 없었다"고 했고, 다른 참가자는 "그들이 미쳤거나 내가 미친 것 중 하나였는데, 어느 쪽인지 마음을 정하기 어려웠다"고 말했다.

가장 충격적인 반응을 나타낸 이는, 자기를 제외한 전원이 속임수에 당했다고 여긴 참가자였다. 그는 자기가 속지 않았다는 점에 실망했다. "다른 사람들이 그렇게 본 것은 착시현상이었을 것 같은데 내 눈엔 그렇게 보이지 않았다. 그 순간에는 남들에게 나타난 착시현상이 내게 일어나지 않은 게 결점처럼 느껴졌다."

결국 이들이 원한 건 동질감이었다. 실험을 위해 일시적으로 형성된 집단일 뿐이고, 주어진 환경이 지극히 부자연스럽고, 다른 사람들이 명백히 틀렸음에도 그랬다. 그들은 절실히 동조하려 했기에 남들이 보는 대로 보려고 애썼다.

한 참가자는 솔직해지려는 욕구, 똑똑해 보이려는 욕구, 동조하려는 욕구 사이에서 느낀 갈등을 이렇게 표현했다. "말하자면 거기에 끼고 싶었다. 그래서 그들의 입장이 옳다고 보려고 애썼지만 조금밖에 성공하지 못했다. 엄연한 **나의 입장**이 있었기 때문이다."

집단의 옳고 그름과는 무관하다. 집단의 위력이 사실보다 더 강력했기 때문에, 한 참가자의 말대로 "그들이 틀리면 나도 틀리겠다"고 마음먹게 된다. 집단 속에 있으면 명백한 사실도 제대로 볼 수 없게 된다는 사실을 아시는 증명했다. 사람 수가 많아지면 단순한 사실도 성가신 것으로 변한다. 혼자 있었다면 누구나 길이가 일치하는 선을 찾아내 정답을 말했을 것이다. 집단 속에 놓이면 올바른 답이 때로 모호해지며, 대부분의 경우 정답인지 아닌지는 중요하지 않게 된다. 보장구 업체들이 캐서린 봄캠프에게,

보좌진이 로버트 라이시에게 그랬듯, 집단이 가장 잘하는 일은 집단에 속하지 않은 사람의 눈에는 뚜렷이 보이는 것들을 가려 시야를 제한하는 것이다.

뛰어난 통찰력의 대가는 해고

댄 스코토Dan Scotto는 에너지 전문 애널리스트였다. 증권사 리서치 부문장이었던 그는 에너지 기업들의 현황과 실적을 면밀히 파악한 뒤 판단을 내려야 했다. 경기에서 뛰진 않지만 결과에 영향을 미치는 심판과 같은 역할로, 분석한 내용을 요약해 분명하고 확정적으로 매수, 유보 등의 투자 의견을 제시하는 것이 그의 일이었다.

그러한 기본분석fundamental analysis은 댄 혼자만의 업무였다. 로버트 라이시와 달리 팀원들이 좋은 소식만을 선별적으로 제공할까 봐 염려할 필요가 없었고, 캐서린 봄캠프처럼 본론을 꺼내기도 전에 거부당할 걱정도 없었다.

2001년 8월 중순, 댄은 한 에너지 기업에 대한 보고서를 작성하기 위해 이미 수백 번이나 해 왔던 것처럼 금융 정보를 모았다. 정보를 취합하고 보니 상당히 당혹스러웠다. 그 기업은 경영진 사이에 분란이 있었고, 인수 계획이 무산된 사례가 몇 건 발견되었으며, 핵심 사업 분야들의 실적이 악화된 것으로 나타났다. 무엇보다 대차대조표 분석 점수가 '낙제'였다. 부채를 지탱할 만큼 충분한 자금 유입이 이뤄지지 않고 있었다. 그 기업은 "경질자산을 보유한 것이 아니라 증권 발행 및 거액의 차입금에 의존한" 곳이어서 특히 문제가 심각했다. 자금 흐름이 막히면 순식간에 무너져버릴 터였다.

댄은 '전면적 부담 가중, 모든 길이 막혔다'란 제목으로 보고서를 썼고, 당시 주당 35달러 선에서 거래되던 엔론에 투자하는 것을 경고했다. 엔론이 위장거래 위에 또 위장거래를 쌓아 지탱하는 상태라는 것까지는 몰랐지만—댄뿐 아니라 엔론 회계사들 및 기업 외부인들 중 그 누구도 몰랐다—펀더멘털이 악화되고 있으며 분명 문제가 있다고 생각했다.

투자자들이 그 심각한 보고서에 담긴 메시지를 놓칠까 봐 염려한 댄은 후속 전화 회의에서도 분석 내용을 요약해 전달했다. 그는 엔론 주식을 "무슨 수를 써서라도 매도해야 하며, 지금 당장 팔아야 한다"고 말했다.

오랜 경력을 지닌 댄은 월스트리트에서 높게 평가받는 애널리스트였다. 『인스티튜셔널 인베스터 Institutional Investor』가 선정하는 올스타 애널리스트 명단에 9년 연속 이름을 올리기도 했다.

댄의 보고서가 나오고 석 달 뒤, 그의 분석이 정확했다는 사실이 입증되었다. 댄이 경고했을 때 35달러에 거래되었던 엔론 주식은 휴지 조각이 되었다. 댄의 조언을 따랐던 투자자들은 수천 달러, 수백만 달러, 심지어는 수십억 달러를 건졌다. 월스트리트에서 경력의 승패를 가르는 대단한 보고서였다. 실제로 댄은 그 엔론 보고서를 30년 월스트리트 경력의 첫머리에 올려 두고 있다.

그렇다면 당시 댄이 몸담았던 증권사는 그 남다른 통찰력에 어떤 반응을 보였을까? 보고서를 제출하고 사흘 뒤, 상사는 댄에게 출근 금지령을 내렸다. 처음엔 유급휴가를 주면서 집에 가서 "머리를 식히고" 생각을 다시 해 보라고 하더니, 얼마 뒤 전화를 걸어와 유급휴가가 끝났다고 했다. 해고 통보였다. 상사는 엔론 보고서에 대해 "우리는 훌륭하거나 합리적인 투자 의견이라고 생각하지 않는다"라고만 언급했다.

이 에피소드는 규모가 큰 집단이 비합리적인 결정을 내리는 것에 대한 고전적인 사례다. 댄은 말했다. "저는 지표들을 보았고, 제가 본 것에 근거해 투자 의견을 냈습니다. 그런데 보고서에서 엔론을 비판하자 회사의 윗사람들과 투자은행가들은 엔론이 계약을 파기할까 봐 우려했어요. 제 보고서 때문에 엔론이 저희 회사를 고용하지 않으면 수수료 수입이 날아가니까요."

댄이 파악한 문제의 본질은 엔론이 엄청난 채권을 발행했는데—투자은행들과 자문사들은 여기서 엄청난 이익을 얻었다—찬장은 텅 비었다는 점이었다. 추가 차입금을 지탱할 만한 자산이 아무것도 없었으며 기존 차입금에 따른 부담도 엄청났다.

엔론으로부터 미래 수익을 뽑아내는 데 집착한 댄의 회사는 그가 제시한 중요한 해결책을 무시했다. 댄의 제안대로 했더라면 망해가는 회사에 구애를 하는 무의미한 결정을 하지 않았을 것이다. 대신 엔론의 파탄을 경고한 증권사로 부각되어 다른 수많은 투자자들의 신뢰를 얻었을 것이다.

"하지만 상사들은 엔론으로부터 받는 수수료에만 신경을 썼습니다. 당연히 그건 환상이었죠. **타이타닉 호**에 갑판용 의자를 파는 것이나 마찬가지였으니까요. 제 눈엔 그 사실이 분명히 보였습니다. 그런데 회의 테이블에 열 명쯤 둘러앉으면 모두들 자기가 관심을 쏟고 있는 사소한 부분만 보거든요. 그래서 제 보고서는 통찰력 있는 경고가 아니라 회사의 미래 사업을 망치는 도발적인 쓰레기로 비친 겁니다."

예상할 수 있듯이 그 후 댄은 새로운 방향으로 움직였다. 그는 소규모 금융자문사를 직접 설립했다. 댄이 창업한 회사는 분석에 전념할 뿐 다른 사업에는 손대지 않았다. "저희는 불편한 보고서를 파묻어야 할 그런 분야에는 진출하지 않습니다. 저희가 사실이라고 판단한 것과 반대로 행동할 필요가 없어요. 더도 덜도 말고 저희가 생각하는 그대로를 밝힙니다."

사공이 많으면 결혼식이 산으로 간다

훗날 돌이켜보면, 조던도 그 모든 것이 일종의 무대장치에 불과했다는 걸 인정하게 될 것이다. 하지만 정말로 특별한 날이 아니던가? "모든 꿈이 실현되는 바로 그날이잖아요. 모든 게 완벽해야 해요. **모든 것이.**" 그녀가 말했다. "그 모든 기대를 과연 충족시킬 수 있을까요? 그날 당신은 신데렐라이고, 바로 옆에 왕자님이 있는 거예요. 당연히 친구들이나 가족도 완벽하죠. 사악한 계모도 없고, 마차가 호박으로 변하지도 않아요."

안타깝게도 조던과 에런의 결혼식은 결코 동화 같은 게 아니었다. 조던은 소박하면서도 매력적인 결혼식을 꿈꿨다. 하지만 결정권이 자기한테 있는 게 아니라는 걸 곧 깨닫게 되었다.

불씨에 불이 붙은 건 약혼을 축하하는 저녁식사 자리였다. 에런의 부모가 자리를 마련해 조던 가족을 초대했다. 그 자리에서 결혼식 준비를 상의하자는 것이었는데, 결혼식 프로젝트의 CEO를 자임했던 조던의 어머니는 이를 탐탁지 않게 여겼다. 일을 시작하기도 전에 상대가 참견하는 게 못마땅했지만 조던이 옆구리를 찌르는 바람에 마지못해 신랑 측의 도움을 환영한다고 인사를 했다. 그런데 갑자기 조던의 아버지도 결혼식에 관심을 나타냈다. 축구 시즌과 결혼식이 겹치는 것만 걱정하는 줄 알았는데 뜻밖이었다. 이어 조던의 자매, 에런의 누이들도 끼어들었다. 자기들도 결혼식에 한몫해야 한다고 생각하는 것 같았다.

그러다 보니 당사자인 조던과 에런은 밀려나고 말았다. 두 사람의 생각과는 달리 가족들은 결혼위원회 위원을 자임하고 나섰다.

그나마 양가에서 합의한 것이 한 가지는 있었다. 약혼 파티와 예비신부 축하 파티를 하자는 데는 의견이 일치했다. 하지만 어디서, 언제, 몇 번이나 파티를 하면 될까? 결혼식 전에 도착한 손님들은 어떻게 대접할까? 환영 파티? 점심식사? 골프? 모든 게 논쟁 거리였다.

행사 범위가 점점 넓어지자 조던은 당사자인 자신이 결혼식으로부터 점점 멀어지는 것 같았다. "분명히 **저의 날**이었어요. 그랬는데 제 것이 아닌 걸로 변하고 말았어요. 게다가 하루로는 불가능할 정도로 계획이 방대해졌고요."

더 큰 문제도 있었다. 세세한 사항 하나하나를 놓고 전투가 벌어졌던 것이다. 조던의 어머니는 파티장을 빈티지풍으로 꾸미고 싶어 했다. 어머니는 그게 세련되어 보인다고 했고 조던도 골동품을 좋아했다. 한편 에런의 누이는 현대풍 장식을 원했다. 조던과 에런 둘 다 기술 분야에서 일하고 있으니 파티장도 거기에 맞게 꾸며야 한다고 주장했다.

결국 타협이 이루어졌지만 결과는 어느 쪽의 마음에도 들지 않았다. 거대한 웨딩 케이크는 가까운 미래에서 가져온 것 같았고, 파티장 중앙의 장식 탁자에 놓인 집기들을 보면 벤저민 해리슨

대통령 시절(1889~1893년)로 돌아간 것 같았다.

밴드도 마찬가지였다. 조던은 자기가 좋아하는 지역 재즈 콤보 밴드로 하자고 했다. 조던의 어머니는 7인조 현대 음악 밴드를 골랐다. 어머니는 음악적 다양성도 있고 더 활기차다고 주장했고, 조던은 재즈야말로 인생이 담긴 음악이라고 맞섰다. 밴드를 두고 말다툼이 심해진 끝에 결국 이번에도 양쪽 모두 만족하지 못하는 타협이 이뤄졌다. 두 밴드를 모두 부르기로 한 것이다.

이는 앤론에 투자하는 것이 올바른 판단이라고 여겼던 것과 유사한, 일종의 정신분열병적인 집단사고다. 만사를 완벽하게 진행해야 한다는 문제에 집착한 나머지 결혼위원회는 만사를 복잡하게 만들었고, 그 결과 결혼식은 신데렐라 이야기에서 머리 둘 달린 괴물의 복수극으로 변질되었다.

결혼식 행사가 일관되지 못했다는 것보다 더 나쁜 것은 상처받았다는 감정이었다. 누구도 자기 생각을 관철시키지 못했기 때문에, 뭔가 중요한 일이 이상하게 비틀렸다는 느낌을 두 가족 모두가 갖게 되었다.

물론 불만과 사소한 다툼들에도 불구하고 조던과 에런에게는 멋진 날이었다. 하지만 조던은 결혼을 앞둔 친구들에게 충고 한 마디를 잊지 않는다. "둘이서 달아나 버려."

핵심 정리

심각한 문제가 있으면 우리는 지원군을 찾는다. 사람들을 충분히 모으면 해결하지 못할 게 없다고 믿는다. 그런데 두 번째, 다섯 번째, 열 번째, 혹은 쉰 번째로 가담한 사람이 실제로 가져오는 건 불일치다. 그들은 정보를 차단하는 필터를 덧붙이며, 해결책을 찾는 데 방해가 되고 눈앞의 문제에 집착하도록 만드는 강력한 가림막을 친다.

로버트 라이시, 댄 스코토, 캐서린 봄캠프, 그리고 조던은 집단의사결정에 내재된 약점 탓에 괴로움을 겪었다. 댄과 캐서린은 눈앞의 문제에 집착하는 집단의 반사적인 거부에 부딪혔다. 로버트 라이시와 조던에게는 그들을 행복하게 해 주려는 집단이 있었지만, 문제를 해결하려 애쓰는 과정에서 역시 비합리적인 결정을 내리고 말았다.

집단의 기호에 자신을 맞추기 위해 일부러 틀린 대답을 선택하는 비율이 75퍼센트라면, 사람이 많을수록 더 좋은 답을 찾을 수 있다는 추정은 타당하지 않다.

당신이 마음대로 할 수 있는 화가가 스무 명이 있고, 그들 모두가 당신을 위해 그림을 그린다고 치자. 스무 명이 각각 다른 그림을 그리는 것이 아니라 한 캔버스에 전부 달라붙어 그림을 그린다. 과연 어떤 그림이 나올까? 비전도 없고 일관성도 없을 것이다. 한 화가의 작업이 다른 화가가 노린 효과를 망쳐 놓을 것이다. 화가들의 노력은 결실을 거두지 못할 것이고, 당신 손에 들어온 그림은 한 명이 그린 그림보다도 못한 작품일 것이다.

집단의 한계를 뛰어넘으려면

자신과 경쟁하라 당신이 혼자 일하다가 어려운 과제에 봉착했다고 치자. 다양한 아이디어가 필요한데 주위엔 아무도 없고 당신에게는 나름의 특정한 시각이 있다. 이때 당신 자신과 경쟁한다면 다양한 아이디어들이 나오므로 다양한 관점에서 일하는 게 가능하다.[2] 당신이 아침에 생각한 최고의 아이디어와 오후에 떠올린 아이디어를 놓고 저울질해 보라. 점심시간에 식당에서 얻은 아이디어와 사무실에서 생각한 아이디어를 경쟁시켜라. 상황—시간과 장소 등—이 달라지면 사고의 맥락도 달라진다. 당신 스스로 신선한 시각의 원천이 되는 것이다.

머리카락을 자주색으로 염색한 친구를 만나라 조언을 구할 때면 대개 자기와 비슷한 사람들의 말에 귀를 기울인다. 그러나 같은 관점을 가진 이들의 말을 듣는다는 건 도움을 줄 가능성이 가장 낮은 이들에게 조언을 구하는 셈이다. 사회학자 마틴 루프Martin Ruef에 따르면, 혁신적인 기업가들은 다양한 부류의 친구들과 교류한다.[3] 반면 순응적이며 크게 성공하지 못한 기업가들은 자기와 비슷한 사람들에게 둘러싸여 시간을 보낸다. 답을 찾고자 할 때 메아리를 듣고 싶은 게 아니라면 당신과 전혀 다른 관점을 지닌 사람에게 조언을 구하라.

확신하지 말라

운전을 하다 길을 잃었다고 치자. 이때 당신을 궁지로 몰아넣을 가능성이 가장 큰 것은 무엇일까? 건망증도, 피곤도 아니고 바로 자신감이다.

자신감에 취한 사람은 금방 길을 찾을 수 있을 거라고 확신한다. 이유는 없다. **무조건** 그렇게 생각한다. 실수한 근본 원인을 찾거나 갓길에 차를 세우고 위치를 확인하지 않는다. 도움을 청해야겠다는 생각은 아예 하지 않는다. 온 길을 되짚어 가기는커녕 오히려 속도를 높여 앞으로 나아간다.

자신감에 취한 사람은 앞으로 달릴 뿐 뒤를 돌아보지 않는다. 낭비할 시간이 없기 때문이다. 더 빨리 계획대로 실행해야만 더 빨리 목적지에 도달할 수 있다. 왼쪽에 있어야 할 랜드 마크가 왜 오른쪽에 있는 건지, 같은 다리를 왜 또다시 건너고 있는 건지 의

아해하지 않는다. 틀린 길로 가장 멀리 달려가는 것이 바로 자신 만만한 사람이다.

우리는 자신감을 능력과 성공의 자연스러운 부산물로 간주 한다. 자신감이 있어야 만사를 잘할 수 있다고 생각한다. 하지 만 옳고 그름에 관계없이 무언가를 함으로써―무엇이든 함으로 써―자신감을 표출하고 있는 건 아닐까? 자신감이 질문을 가로 막는다면, 그때는 자신감이 우리를 앞으로 나아가게 하는 것이 아니라 사슬로 옭아맨다.

자기가 옳다고 확신한 2인자

교육정책 전문가 다이앤 래비치 Diane Ravitch 는 미국 교육개혁 운동의 핵심인 학업성취도 검사 위주 접근법에 대한 입장을 설명 하면서 "달리는 화물열차를 보면서 '이봐, 그 길로 가면 안 된다 고!'라고 소리치는 격"이라고 했다. 흥미로운 얘기다. 래비치 본인 이 바로 그 열차에 타고서 "더 빨리 달려!"라고 소리쳤던 사람이기 때문이다.

1990년대 초반에 미 교육부의 2인자였던 래비치는 교육개혁을 힘껏 추진했다. 교육정책을 연구하고 관찰하며 오랜 시간을 보낸 뒤 직접 정책을 만드는 자리에 앉은 래비치는 사소한 문제들이

나 만지작거리며 기회를 낭비하지 않겠다고 마음을 다졌다. 그녀는 학교에 대해 생각하는 방식, 학교를 평가하고 보상하는 방식, 상위 학생들에게 자극을 주고 하위 학생들의 의욕을 이끌어 내는 방식 등에 대한 획기적인 접근법이 필요하다고 판단했다. 한마디로, 학교의 **모든 면을 개선시키는** 방법을 찾아야 했다. 공직을 떠난 뒤에도 래비치는 자기가 주도한 개혁 방안들이 적용되도록 지원 사격을 계속했다. 그녀는 교육 관련 싱크탱크 두 곳의 다수파에 속했고, 교육개혁에 입각한 모든 검사들을 검토하는 기관의 운영을 보조했다.

래비치가 보기에 해야 할 일은 너무도 명확했다. 조금도 나아지지 않고 있는, 표준에 미치지 못하는 교육체계가 문제였다. 해결책은 단 한마디로 설명이 가능했다. '표준'이었다. 그녀는 말했다. "표준은 항상 좋은 것이죠. 모든 곳의 표준을 끌어올리면 모든 사람에게 혜택이 돌아가요. 게다가 하위권에서도 극적인 방향 전환 효과가 일어납니다. 예전처럼 하는 방식은 절대 용납되지 않으니까요."

래비치의 교육개혁은 격렬한 비판을 불렀다. 전문가와 교육자들은 래비치의 시각이 지극히 편협하고, 학교 교육의 광범위한 측면 중 아주 작은 부분에만 가치를 둔다고 비난했다. 그녀의 팀이 표준을 마법의 동의어로 착각하고 있으며, 표준만 끌어올리면 모든 조직이 개선될 것이란 주장은 난센스라고 공격했다.

래비치는 비판자들에게 줄 답을 갖고 있었다. '언어유희 뒤에 숨지 마라. 책상 앞에만 웅크리고 앉아 있지 마라.'

"솔직히 저는 그들이 성취도 검사를 겁낸다고 생각했어요." 래비치는 말했다. 교사, 관리자, 정책 입안자 할 것 없이 "자기들이 하는 일이 훤히 드러나면 우리 아이들을 망치고 있다는 사실이 발각될까 봐 두려워한다고 여겼지요."

래비치는 자기 입장에 의문을 가졌을까? 전혀 그렇지 않았다. 자기가 옳다는 것은 명백했다. 주변 사람들도 같은 의견이었다. "저와 생각이 똑같은 사람들에게 둘러싸여 있었던 거예요. 대개 오랜 시간을 들여 형성한 관계망은 제 의견에 동의하는 사람, 제가 하는 일을 칭찬하는 사람들로 이루어지니까요. 그런 관계망에서는 비판적인 의견이 많지 않습니다."

래비치는 자기 입장이 절대적으로 옳다는 자신감에 불탔고, 날마다 전속력으로 밀어붙였다. 그녀는 자기가 옳다는 걸 알았다. 분명히 안다고 생각했다.

그런데 힘껏 밀어붙인 개혁의 효과를 면밀히 관찰하다 보니 의심이 싹텄다. 더 많이, 더 잘 가르칠 인센티브를 부여하면 교육의 새 시대가 열릴 것이라고 꿈꿨는데 새로운 교육 규범은 전혀 다른 효과를 가져왔다. '성취도 검사에 대비해 가르친다'는 결과였다. "교사가 성취도 검사에 나오는 것만 가르치는 체계를 만들고 말았어요."

래비치에게는 씁쓸한 아이러니였다. "현장의 교사가 얼마나 중요한지 보여 주려 했는데 오히려 교사의 가르치는 능력을 약화시키고 말았어요."

그녀는 실패를 인정했다. 교육개혁은 교실에서 이뤄지는 소중한 가르침을 밀어내고 그 자리를 무용한 기술로 채우고 말았다. "저희는 '정답, 정답, 정답'을 강조하는 방식으로 교육체계를 재편성했습니다. 4개의 작은 거품 중에서 올바른 것을 가려낼 능력에 엄청난 가치를 두었어요. 하지만 그건 그리 가치 있는 기술이 아니었습니다. 그 기술로 직업 세계에서 돈을 벌 수 없으니까요."

입장 전환은 지극히 고통스러운 과정이었지만 달리 길이 없었다. 깨닫고 보니 래비치가 밀어붙인 교육개혁은 일시적 유행에 불과했고, 객관적 근거가 없었으며, 아이들에게 유해했다. 그 정책에 치명적인 결함이 있다는 것을 알게 된 이상 이를 반대하는 운동을 이끌지 않을 수 없었다.

래비치는 올바르지 못한 정책을 그토록 열심히 밀어붙였던 이유를 곰곰이 생각한 끝에, 정책 입안자가 되자 전에 연구자로서 가졌던 회의주의를 상실했기 때문이었다는 걸 깨달았다.

"열정에 사로잡혀 너무 흥분했던 거죠. 본래 저는 어떤 아이디어에서든 숨겨진 문제, 언급되지 않는 가정, 의도하지 않은 결과를 항상 찾는 사람이었어요. 제 책상에 놓인 아이디어 20개 중 19개는 섣부른 것이라고 거부하죠. 하지만 그때는 제 자신, 그리고 함께 일하는 사람들을 지나치게 믿었어요. 저희가 추진했던 핵심 아이디어를 너무 믿었어요. 그래서 전처럼 회의적인 눈으로 의문을 제기하는 걸 잊고 말았어요."

이제 래비치는 교육정책 입안자가 아니라 외부자다. 자기가 했던 일을 무효로 만들 권한은 없고 문제제기만 할 수 있을 따름이다. 하지만 그녀는 새로운 동맹군들—한때 그녀의 정책을 가장 열렬히 반대했던 이들—과 손을 잡았다. "전에는 동기를 의심하기도 했지만 실은 정말 훌륭한 사람들이에요. 애초에 제가 그들의 비판에 좀 더 마음을 열었더라면 우리 아이들을 위해 좀 더 나은 일을 할 수 있었을 겁니다."

활동적인 리더가 조직을 망친다

1953년엔 대학 남자 농구팀 감독들도 다이앤 래비치의 관심사였던 고등학교 교사들과 비슷한 연봉을 받았다. 요즘엔 대부분의 감독들이 시즌당 100만 달러 이상을 받고, 몇몇은 그보다 몇 배나 많은 수입을 올린다.

1953년의 감독들은 교사 수준의 연봉을 받았음에도 불구하고 팀 운영에 필요한 거의 모든 일을 도맡아 했다. 지금과 달리 그 당시에는 상근 보조 코치들도, 스트레칭 코치들도, 영양사도, 학업 코디네이터도 없었다.

당연하다면 당연한 얘기지만, 당시의 감독들은 스스로를 초전 문화된 경기 기술자로 여기지 않았다. 언론도 그들의 자존심을 거 대하게 부풀리거나 지탱하지 않았다. 요즘에는 방송사들이 수십억 달러 계약을 맺고 미국대학체육협회NCAA 토너먼트를 한 경기도 빠짐없이 중계하지만 1953년엔 결승전조차 중계하지 않았다.

그런데 대학 감독들의 위상이 계속 높아진 지난 60년 동안, 농 구의 근본이라고 할 득점력은 지속적으로 하강 곡선을 그렸다. 2012년 조지타운 대학교와 테네시 대학교의 시합에서는 **양 팀 모 두가 40점도 내지 못했다.** 2013년 미드 아메리칸 컨퍼런스에서는 하 프타임 때까지 겨우 4점을 올린 팀도 있었다. 2013년 대학 남자 농구팀들의 게임당 득점은 1953년보다 적었으며 1953년 이후의 어떤 해와 비교해도 적었다.

왜 그럴까? 감독들이 연봉을 더 많이 받고, 항상 스포트라이트 를 받으며 방송에 나오고, 그들의 이름을 딴 경기장과 코트까지 생길 정도니 당연히 전보다 일을 더 잘해야 하는 것 아닌가?

요즘 감독들의 주된 관심은 자신이 얼마나 잘나고 중요한 인 물인가에 쏠려 있는 듯하다. 잘나고 중요한 인물은 진행되는 일 에—항상—반드시 개입해야 하는 법이다. 경영대학원에서는 이 를 **리더십 로맨스**라고 한다.

우리가 가진 일반적인 리더상은 활동적이고 바쁜 인물이다. 리더는 활동적일수록 더 신뢰를 받는다. 다이앤 래비치도 리더였다. 자기 확신이 워낙 강한 리더였기에 교육에 대한 만병통치약이 될 것이라고 믿은 성취도 검사를 고집했다. 대학 농구팀 감독들도 리더다. 그들도 자기 능력에 대해 확신하기에 경기 내내 팀을 주물럭거린다.

이런 것들이 대학 농구 경기에 분명한 영향을 미치고 있다. 농구 분석가이자 1999년 NCAA 토너먼트의 스타였던 월리 저비악Wally Szczerbiak 은 요즘 대학 농구를 두고 "감독들이 경기를 질식시킵니다"라고 비판했다. 감독들은 시합 전에 선수들을 준비시킨 뒤 코트 밖에서 지켜보는 게 아니라 경기에 주도적으로 개입한다. 저비악은 "감독들이 드리블 하나까지도 지시합니다"라며 탄식했다.

그 결과는 빤하다. 경기 중에 지시를 받다 보면 자연히 움직임이 느려진다. 듣고, 해석하고, 반응하는 데는 시간이 걸리고 노력이 필요하다. 이미 **배운** 걸 하는 것보다 **배우면서** 하는 게 더 어렵다. "확실히 그렇긴 합니다." 클렘슨 대학의 브래드 브라우넬Brad Brownell 감독도 이를 인정했다. "우리 감독들이 선수들의 속도를 늦추고 있긴 해요." 단순히 속도가 느려진 것보다 더 나쁜 것은, 듣고 해석하는 작업을 하느라 선수가 자연스러운 기량과 연마된 본능을 발휘하는 게 어려워진다는 점이다. 게다가 감독이 몇 달이나 가르쳤던 내용을 실행하는 능력까지 저하된다. 실수를 하면 즉시 감독의 분노를 산다는 걸 의식하기 때문에 경기 중에도 머뭇거리기 일쑤다.

감독들의 지나친 개입은 경기 내내 계속되지만 종료 직전에 특히 심하다. "경기 말미의 타임아웃 때 말인데요, 말만 떠들썩한 그런 것들은 전략을 짜는 데는 좋을지 몰라도 플레이에는 정말 방해가 됩니다." 저비악은 말했다. "선수가 슈팅을 성공시키기를 바랄 때 할 수 있는 최악의 방법은, 경기를 중단시킨 채 몇 분간 선수를 앉혀 두고는 슈팅에 대해 생각해 보라고 하는 겁니다. 농구는 리듬과 분위기의 경기예요. 엉덩이를 붙이고 있으면 절대 리듬을 탈 수 없어요."

그래서일까, 감독의 지명도가 낮은 팀들의 경기당 득점이 더 많다. 점수를 많이 낸다는 것이 곧 농구를 잘한다는 뜻 아닌가? 다이앤 래비치는 과도한 자신감 탓에 자신이 미국 교육에 나쁜 영향을 끼쳤다는 걸 인정한다. 막강한 자신감은 눈앞의 문제를 무자비하게 공격할 수 있는 무기여서, 당사자는 물론 주위 사람들도 실은 문제가 더 악화되는 중일지도 모른다는 의심을 품을 수 없도록 만든다.

만약 저비악이 타임아웃을 요구해 감독들을 모두 불러 모은다면 이런 단순한 메시지를 전할 것이다. "농구 역사를 통틀어 감독들이 기록한 점수는 정확히 0점입니다. 다음번에 사이드라인에 서서 40분간 경기를 치를 때는 이 점을 명심하세요. 팀이 득점하길 바랍니까? 그렇다면 자리에 앉아 경기를 선수들에게 맡기세요."

행복해하면서 틀린 길로 나아가다

경마에 베팅할 때는 항상 당신이 활용할 수 있는 것보다 많은 정보가 널려 있다. 당신은 그 정보들을 쓱 훑어보고 빠르게 마음을 정하는 편인가? 아니면 장소와 시기, 속도, 경쟁자들을 꼼꼼히 따져 보는가? 전문가들의 예상을 그대로 받아들이는가? 아니면 운에 맡기는가?

베팅 방식은 다양하지만 과정은 동일하다. 우승마를 점찍고, 마권 판매소에 가서 베팅하고, 결과를 기다리는 것이다. 레이스가 진행되는 시간은 2분 정도다. 출발 신호와 함께 말들이 앞서거니 뒤서거니 달리고, 결과를 기다리는 동안 당신의 심장은 쿵쿵거린다. 당신의 말은 이겼는가, 졌는가? **당신**은 이겼는가, 졌는가?

지금 당신은 관람석에 앉아 여섯 번째 레이스에 출전한 말들을 살펴보고 있다. 당신은 어떤 말에 걸지 결정하고 마권 판매소로 향한다. 바닥에는 버려진 마권들이 여기저기 뒹굴고 있다. 대부분의 베팅이 실패로 돌아간다는 것을 혹시 잊고 있었다면 바닥에 널린 마권들이, 발걸음을 옮길 때마다 들리는 종이 구겨지는 소리가 그 사실을 새삼 일깨워 준다.

창구에서 마권을 사려는데, 한 남자가 다가와 한 가지만 물어봐도 되겠냐고 예의 바르게 말을 건다. 당신은 그러라고 한다. 마감시간까지는 아직 여유가 있다.

"이 카드를 보고, 당신이 걸려는 말이 이길 확률이 얼마나 된다고 생각하는지 알려 주시겠습니까?"

카드에는 숫자가 표시된 눈금자가 그려져 있다. 당신이 건 말이 이길 확률이 '희박'하다고 생각하면 숫자 1을, '매우 높음'이라고 생각하면 숫자 7을 고르면 된다. 남자는 예상 배당률 등에는 전혀 마음 쓸 필요 없다면서 당신이 생각하는 확률만 알려 주면 된다고 한다.

한편 마권 판매소 근처에는 다른 남자가 한 명 더 있다. 그는 마권을 사고 돌아선 이들에게 무언가를 묻고 있다. 질문 내용은 방금 당신이 만난 남자의 질문과 정확히 일치한다.

조사를 실시한 두 남자가 모은 답을 비교한 결과, 마권을 산 뒤 질문에 대답한 사람들은 사기 전에 대답한 사람들에 비해 승리에 대한 자신감이 38퍼센트 더 높았다.[1]

마권을 사기 전이나 후에 선택한 말의 속도나 배당률에 변화가 있었던 것은 아니다. 단지 한쪽은 결심을 실행에 옮기기 **직전**이었고, 다른 쪽은 실행한 **직후**라는 사실만 달랐다. 이를 결정후 부조화 감소post-decisional dissonance reduction라고 한다. 일반적으로 결정을 내리는 시점에는 서로 상충하는 수많은 정보들이 존재한다. 어떤 결정이든 그렇다. 이것이 아니라 저것을 택해야 할—꽤 그럴듯한—이유들이 있다는 걸 인식한 채로 결정을 내린다. 이처럼 무언가를 하기 전에는 그런 갈등을 감내한다. 하지만 일단 선택한 다음에는 갈등을 버려 버린다. 이미 내린 결정과 일치하지 않는 정보들의 가치를 낮춰 매기고, 결정을 지지하는 것들의 가치는 더 높게 평가하기 시작한다.

마권을 살 때에도―다른 모든 결정과 마찬가지로―달리 생각했어야 한다고 암시하는 자료들은 끝도 없이 많다. 다른 말에 베팅해야 할 이유도 많고, 아예 베팅을 하지 말아야 하는 이유도 많다. 말을 골라 마권을 사기 전에는 그런 부조화를 인식한다. 하지만 베팅 후에는 부조화를 밀쳐 버린다. 나는 올바른 선택을 했어. 내 선택이 맞다고 확신해.

이 새로운 자신감은 워낙 빨리―단 몇 초 만에―솟아오르므로 굳이 생각하는 과정을 거칠 필요도 없다. 이미 내린 결정을 지지하는 정보만이 중요한 정보라고 의도적·합리적으로 판단하는 것은 아니다. 오히려 본능에 굴복하는 쪽에 가깝다. 이미 해 버렸으므로 올바른 선택을 했다고 확신하는 것이다. 틀린 선택이었다면 그렇게 하지 않았을 테니까.

앞의 상황으로 돌아가 보자. 마권 판매소 앞에서 질문을 받았던 당신은 베팅을 끝낸 이들에게 질문을 던지고 있는 다른 남자를 발견한다. 당신은 그 남자에게 다가가서 말한다. "저쪽에 있는 사람과 동료인가요? 조금 전에는 제 말이 이길 확률이 꽤 된다고 했는데, 당신이 동료에게 말해서 제 의견을 '높음'으로 바꿔 주실래요? 아니, 아니네요. '아주 높음'으로 해 주세요."

이것이 결정후 부조화 감소다. 생각이 바뀌는 데 걸린 시간은 1분에 불과하다. 말, 경기장, 트랙, 조건 등 변한 것은 아무것도 없다. 그 1분 사이에 변한 것은 **마권을 산 사람** 자신이다. 행동을 취하기 직전의 인물에서 이미 행동한 사람으로 바뀐 것이다. 공격에 대비 태세를 취하면서 이미 한 행동을 지원하는 단계로 옮겨 갔다. 우리는 누구나 그렇게 한다. 이미 한 것의 매력은 더 높게 평가하고, 하지 않은 것의 매력은 박하게 평가한다.

안타깝게도 자신감이 강해진다는 것이 곧 결정이 옳았다는 뜻은 아니다. 오히려 그런 자신감 탓에 성공하기는 더 어려워진다. 행동에 옮기기 전과 후의 정보 가치를 냉철하게 평가한다면 실수로부터 더 많은 것을 배울 수 있으련만 그게 안 되기 때문이다.

이는 대학 농구팀 감독들이 단지 무언가를 한다는 것만으로 자의적인 자신감을 갖는 것과 같은 현상이다. 그 근거 없는 자신감 탓에 감독들은 팀의 득점력이 날로 떨어지는데도 경기에 개입해 시시콜콜 지시하는 것이 유익하다고 굳게 믿는다. 근거 없는 자신감 탓에 나이앤 래비치는 개혁안을 미 전역의 학교들에 적용할 때 한 번도 의문을 품지 않았다. 교사들이 존 레넌을 문제아로 본 것, 삼림소방대원들이 산불과 속도 경쟁을 한 것도 같은 이유였다. 경마에 돈을 거는 사람, 농구 감독, 다이앤 래비치뿐 아니라 누구든 간에, 확고한 자신감은 어떤 행동을 취하고 있다는 데서 유래한다. 올바른 일을 하느냐 아니냐는 핵심이 아니다. 우리는 틀렸을 때 몹시 행복해하면서 틀린 길로 계속 나아간다.

연쇄살인범을 키운 의사 집단의 자만

그 환자들 중에는 젊은이도 있었고 노인도 있었다. 남자와 여자, 병자와 부상자가 섞여 있었다. 얼핏 보면 아무 연결고리가 없어 보이는 이 환자들에게는 세 가지 공통점이 있었다. 첫째, 조금이라도 생명을 위협하는 병에 걸렸거나 심각한 부상을 당하지 않았다. 둘째, 입원 중에 원인을 알 수 없는 치명적 증상을 보였다. 셋째, 마이클 스왕고Michael Swango 와 접촉했다.

스왕고는 환자들을 살해한 사실을 자백한 뒤 연속종신형(연쇄살인범 등에 대해 각각의 범죄에 대해 종신형을 따로 선고하는 것. 현실적으로는 종신형을 2회 이상 반복할 수 없으나 상징적으로 중형을 선고하는 의미가 있다 – 옮긴이)을 선고받고 복역 중이다. 미국 및 해외의 병원들에서 환자들을 독살한 연쇄살인범 의사의 이야기는 으스스하고 불가해하다. 그가 처음으로 근무했던 병원의 상급자들이 스왕고를 제지할 수도 있었다는 사실을 알면, 그런데도 직업적 자신감에 눈이 멀어 그를 제지하지 않았다는 것을 알면 환자들의 고통이 더욱 쓰라리게 다가온다.

의대를 졸업한 스왕고는 오하이오 주립대 병원에서 외과 수련의로 일하게 되었다. 자질이 더 뛰어난 지원자들이 있었는데도 어찌 된 셈인지 스왕고가 선발되었다. 스왕고는 변변찮은 성적 탓에 의대를 1년 더 다녀야만 했는데, 오하이오 주립대학은 제때 졸업한 의사들, 더 좋은 의대를 더 좋은 성적으로 졸업한 의사들을 탈락시키고 그를 뽑았다.

스왕고는 출발점에서부터 오하이오 주립대 병원의 기대를 충족시키지 못했다. 그는 함께 일하기 힘든 인물이었다. 일처리가 엉성했고 준비도 어설펐다. 환자의 병력 기록 등 1년 차 수련의에게 맡겨진 평범한 일에서도 절차를 무시했다. 스왕고가 1년 차 중반쯤 되었을 때 오하이오 주립대 수련의위원회는 그가 수련의 과정을 이수할 자질이 없다고 판단하고 1년 차 과정이 끝나는 대로 해고하기로 결정했다.

그런데 병원에서 쫓겨날 것이란 사실을 스왕고가 알게 된 직후부터 그가 근무하는 병동의 사망률이 갑자기 치솟았다. 근육질의 열아홉 살 여성이 돌연 심장마비를 일으킨 것을 비롯해 몇 명이 갑자기 돌연사했고, 어느 날 밤에는 예순 살 여성 두 명이 별안간 호흡곤란 증세를 나타냈다. 의사들은 급히 환자들에게 달려가 소생을 시도했지만 한 명은 사망했고, 다른 한 명은 중태에 빠졌다.

병원에서는 늘 사망자가 발생한다. 환자가 죽는다는 사실 자체가 특이한 것은 아니다. 하지만 오하이오 주립대 병원은 사망률이 갑자기 치솟았다. 안정적이고 강건했던 환자들이 이유 없이 사경을 헤매는, 그동안 드물었던 일이 갑자기 빈번하게 일어났다. 이를 마이클 스왕고와 연결시켜 생각하기란 쉽지 않은 일이었지만 사소한 데서 꼬리가 밟혔다. 목격자들이 있었던 것이다.

첫 번째 목격자는 원인 모를 호흡정지를 일으켰다가 의식을 회복한 환자였다. 그 환자는 증세가 나타나기 직전에 한 의사가 주사기를 들고 들어와 정맥주사 튜브에 뭔가를 집어넣었다고 의료진에게 말했는데, 그 의사의 인상착의가 스왕고와 일치했다.

두 번째 목격자는 그 장면을 고스란히 지켜본 옆 병상의 환자였다.

세 번째 목격자도 나타났다. 한 간호실습생이 그 병실에 들어갔다가 스왕고가—실습생은 인상착의가 아니라 이름을 댔다—주사기를 든 모습을 보았다.

목격자들의 증언에서 특히 주목할 부분은 스왕고가 그 병실에 들어갈 이유가 전혀 없었으며, 그 환자의 정맥주사 튜브에 무언가를 주입할 의학적 이유도 전무했다는 점이었다. 스왕고는 이유를 묻는 질문에 횡설수설했다. 문제의 병실에 간 적이 없다고 부인한 직후에 실은 환자가 슬리퍼 찾는 걸 도와주고 있었던 거라고 변명했다.

한편 스왕고가 빈 병실의 화장실에서 나오는 것을 본 간호사도 있었다. 몹시 이상하다고 여긴—의사들이 환자 화장실을 이용하지는 않으므로—간호사가 화장실을 들여다보았더니 주사기가 있었다. 스왕고가 수상한 짓을 한 것은 아닌지 의심한 간호사는 조심스럽게 주사기를 감싸서 들고 나왔다.

이런 엄청나고 치명적인 사태가 벌어지는 와중에 병원 운영을 맡은 의사들은 무엇을 했을까? 그들은 서로를 보호하기 위해 똘똘 뭉쳤다. 스왕고의 자질이 대단치 않고 외과의로서의 실력도 평균치 이하였지만, 의사가—설사 내쫓기로 한 의사라 해도—누군가를 해쳤다는 생각은 터무니없다고 여겼다. 그런 신뢰는 문제가 된 의사의 역량과는 무관했다. 경마에 베팅한 사람들의 자신감을 키우는 데 특별히 뛰어난 말이 필요 없듯이, 오하이오 주립대 병원 의사들의 자신감을 키우는 데는 평균 이하의 의사라도 상관이 없었다.

영문 모를 사망자들, 세 명의 증인, 의문의 주사기를 앞에 두고도 병원 운영을 책임진 의사들은 경찰을 부를 이유가 없다고 판단했다. 대신 그들은 자체 조사를 진행했다.

조사팀은 목격자들의 증언을 모두 일축했다. 간신히 목숨을 건진 환자는 충격이 너무 심한 상태라 정상적인 사고가 불가능하다고 했고, 옆 병상의 환자는 헛것을 본 것이라고 했다. 간호실습생에 대해서는 의학적 핑계거리가 없었으므로—그 증언을 반박할 편리한 의학 이론이 존재하지 않았으므로—신뢰해야 마땅했지만 실습생의 단순한 실수로 치부했다. 아마도 사람을 잘못 봤던 것이라고 얼버무리며 넘어갔다.

그렇다면 주사기는? 안에 독극물이 들어 있는 건 아닌가? 스왕고 의사의 지문이 찍혀 있는 건 아닌가? 환자의 혈액 속에서 발견된 어떤 물질이 들어 있지는 않았는가? 의사들로 구성된 조사팀은 그런 의문점들을 애초에 부인했기에 주사기를 달라고 요청하지 않았다. 아예 검사도 하지 않고 넘어갔다. 수간호사가 검사 명령을 헛되이 기다리는 동안 문제의 주사기는 포장된 채로 몇 달 동안 그녀의 책상 속에 들어 있었다. 의사들이 진실을 규명하는 데 관심이 없다며 희망을 버린 수간호사는 결국 주사기를 내버렸다. 키스톤 경찰Keystone Cops(20세기 초반의 코미디 무성영화에 등장했던 무능한 경찰관들 – 옮긴이)도 울고 갈 엉성한 조사는 결국 비극적인 결과를 낳았다. 1년 차 근무를 마치고 오하이오 주립대 병원을 그만둔 스왕고는 일리노이 주에서 준의료종사자paramedic로, 뉴욕에서 의사로 일한 뒤 해외로 건너갔다. 스왕고는 오하이오 주립대 병원에서 근무한 때로부터 16년 뒤 살인죄로 유죄 판결을 받았다. 그 기간 동안 스왕고가 있었던 병원에서는 설명할 수 없는 환자들의 죽음이 잇따랐다.

한마디로 이는 치명적인 자만의 폐해를 보여 주는 사례다. 오하이오 주립대 병원 의사들은 자기 자신과 전문지식, 의사라는 직업 및 그 일을 하는 사람들의 우월성을 과신했던 탓에 스왕고 의사가 가한 위협을 조금도 알아채지 못했다. 자신감이 지나친 나머지 간호실습생은 물론이고 수간호사의 말도 귓등으로 들었다.

의심스러운 행동과 사건이 이어졌음에도 불구하고, 그들은 불안을 느낀 것이 아니라 결정을 내릴 때마다 점점 자신감을 키워갔다. 자만심 탓에 목격자들의 진술을 일축했고, 증거를 무시했고, 이례적인 사망자 급증이라는 데이터를 묵살했다. 그 의사들은 자기 환자들에게, 일하는 병원에, 자신들의 직업에 최악의 피해를 입혔다. 스왕고라는 문제에 어떻게 대응하면 되는지 안다는 그들의 유난한 자신감이 아니었다면 벌어지지 않았을 일이었다.

실패해 보지 않은 사람에게는 투자하지 말라

온라인 사업을 시작한 칼레일 터즈맨Kaleil Tuzman은 다큐멘터리를 만들자는 영화 제작자의 제안을 받고 얼씨구나 하고 달려들었다.

사업이 성공하면 부와 명성을 거머쥘 뿐 아니라 그 모든 과정이 화면에 담긴다는 뜻이었다. 온 세상이 그의 성공 스토리를 알게 될 것이고, 그의 창의력과 투지에 감탄할 터였다. 다큐멘터리를 통해 성공의 전모가 알려지고, 게다가 그런 사실이 절대―절대―잊히지 않으리란 것도 기뻤다. 다큐멘터리는 영원히 남을 테니까. 하지만 일은 그의 예상대로 풀리지 않았다.

터즈맨의 사업 아이디어는 오랫동안 옷장 구석에 처박혀 있었던 주차위반 딱지에서 나왔다. 벌금에 연체료까지 내야 하는지 온라인으로 알아봤지만 정보를 얻을 수 없었고, 벌금을 온라인으로 납부하는 것도 불가능했다. 터즈맨은 오랜 친구와 얘기를 나눈 끝에 지방정부와 주민을 연결하는 사업을 시작하기로 했다. 터즈맨은 금융 쪽을, 친구 톰 허먼은 기술 분야를 맡기로 업무분담을 했다.

우중충한 정부기관 사무실, 공무원들을 상대하는 걸 겁내는 주민들, 길게 늘어선 대기자들의 줄. 그 이미지가 두 사람이 만든 회사─이름은 가브워크스 govWorks 로 지었다─의 출발점이었다. 주민들이 싫어하는 일이자, 정부도 직원 투입에 비용이 많이 드는 일을 대신 맡아서 빠르고 편리하고 값싸게 처리하면 어떨까? 주차위반 벌금을 내려고 길게 줄을 설 필요 없이 버튼 하나만 클릭하면 된다면? 건축 허가를 받으려고 줄 서서 기다리지 않고 클릭 한 번만 하면 된다면? 아주 설명하기 쉬운 콘셉트였고, 그럴듯했다.

터즈맨은 외곬으로 성공을 좇았다. 그는 정부 이용자들의 거래 규모가 6000억 달러(약 65조 원)라는 사실을 부각시키고 가브워크스가 충분히 이익을 뽑을 수 있다고 강조했다. 잠재 투자자들을 만날 때마다 6000억 달러를 들먹였다. 그의 설득이 먹혔다. 터즈맨은 벤처캐피탈에서 2000만 달러(약 225억 원) 이상의 자금을 끌어들였고, 3000만 달러(약 340억 원)를 대출받았다. 밤을 새워 일하면서 회사의 틀을 짜고, 정부기관 접근성을 재규정하는 사이트를 구축할 수백 명의 직원들을 고용하기에 충분한 돈이었다.

하지만 터즈맨에게는 자신의 한계에 대한 자각이 없었다. 한 대형 투자사 사람들을 만났을 때였다. 그는 사업계획에 관한, 정교하게 연마된 열변을 토했지만 다음 단계, 곧 설득이 먹혔을 경우에 뭘 해야 하는지에 대한 기본적인 이해조차 없었다. 가브워크스 사상 최대의 투자를 받을 경우 그 대가로 회사 지분을 얼마나 양보할 것인가? 그는 대답하지 못했다. 터즈맨은 그 투자사의 반응에—그들이 내건 조건을 전부 받아들이지 않는다면 투자 제안을 즉시 철회하겠다는—꿀 먹은 벙어리가 되었다. 그런 회의에는 자신의 설득과 상대의 대응이라는 두 부분이 있다는 생각을 하지 못했고, 당연히 거기에 대한 준비가 되어 있지 않았다.

공동창업자 허먼과 함께 다른 회의에 참석했을 때도 문제가 불거졌다. 터즈맨은 허먼이 웹사이트의 새로운 특징에 대해 설명하는 것을 듣고 깜짝 놀랐다. 그로서는 처음 듣는 얘기였다. 그 자리에서 터즈맨이 허먼의 아이디어에 반대하자 투자자들은 등을 돌렸다. 창업자 둘이서 사업에 대해 서로 다른 말을 하는 기업에 누가 투자를 하겠는가? 두 사람의 이견은 갈수록 심해졌고 터즈맨은 허먼과 같이 일하는 게 불가능하다는 결론을 내렸다. 그는 10년 넘은 친구를 서류 한 장으로 해고하고, 보안요원들을 시켜 허먼을 건물에서 끌어냈다.

그가 자신의 역량과는 무관하게 자신감에 차 있었다는 사실은—다이앤 래비치, 요즘의 대학농구 감독들, 오하이오 주립대 병원 의사들, 그리고 경마에 돈을 거는 모든 사람들처럼—회사가 실제 결과물을 내놓아야 할 시점이 되자 더욱 뚜렷하게 드러났다. 수백만 달러의 투자를 받았고, 뉴욕 시 주차위반 딱지 관리라는 성배를 손에 넣었음에도 불구하고, 가브워크스는 단순한 한 가지 이유로 갈팡질팡했다. 소프트웨어가 작동하지 않았던 것이다. 터즈맨은 투자 유치에 전력을 쏟았을 뿐 회사의 실제적인 업무에 대해서는 아는 것이 없었다.

터즈맨의 엄청난 성공이 영원히 기록에 남을 일은 없었다. 다큐멘터리가 상영될 즈음에는 자금이 썰물처럼 빠져나갔고 회사는 헐값에 팔렸다. 다큐멘터리의 주제는 터즈맨의 자만심과 실패가 되었다.

하지만 실패를 통해 얻은 것도 있었다. 다큐멘터리에는 터즈맨에게 투자했다가 돈을 날린 사람이 등장한다. "당신 건에서는 제가 실수를 했습니다. 보통은 실패 전력이 없는 사람에게는 투자하지 않는데 말입니다."

크게 성공한 투자자들이 왜 실패를 존중하는지 이제는 터즈맨도 알게 되었다. "실패는 날마다 교훈을 줍니다. 막상 실패가 닥칠 때까지는 실패한 적이 없다는 게 대단한 것처럼 생각되지요. 하지만 그 탓에 엉뚱한 곳에 엄청난 에너지를 쏟았다는 걸 깨닫는 날이 옵니다."

핵심 정리

우리는 자신에 대한 믿음을 중요하게 생각한다. 뭔가를 해야 할 때 쭈뼛거리는 겁쟁이가 되고 싶은 사람은 아무도 없다. 우리는 당당하게 앞으로 나아가려 한다.

노력을 더 쏟으며 보강 증거를 모으는 것이 매력적이면서도 비효율적인 문제 해결 방식이 될 수 있는 것처럼, 자신감도 우리가 곧잘 꺼내 들어 잘못 사용하기 쉬운 무기다.

자신감을 동원하는 것의 문제는, 자신감이 반드시 능력에서 나오는 것이 아니며 잠재적 해결책으로부터 우리의 시선을 돌리게 만들기 때문이다. 다이앤 래비치는 자신 있게 교육의 변화를 추진했지만 지금은 후회하고 있다. 대학 농구 감독들은 매일 밤 거들먹거리며 경기장으로 들어가지만 팀의 승리에 보탬이 되지 않는 비생산적인 골칫거리다. 칼레일 터즈맨은 자신만만하게 회사를 세우고 거대한 꿈을 꾸었지만 자신감이 지나쳐 회사의 유일한 결과물이 작동하지 않는다는 문제를 알아보지 못했다. 오하이오 주립대 병원 의사들도 대학에서 "해를 끼치지 말라"는 것을 기본 원칙으로 배웠지만 자만심 탓에 살인 의사인 스왕고를 도운 격이 되었다. **어떤 결정을 돌이킬 수 없을 때 단지 그 이유만으로 우리는 그**

결정의 정당성을 38퍼센트나 더 확신한다. 자신의 능력이나 현실과는 무관하게, 우리는 자신감을 지어낼 수 있다.

문제를 해결할 수 있다는 자신감으로 무장하는 건 멀쩡한 눈에 안경을 쓰는 것과 같다. 모든 것이 실제와 다르게 보이고, 아무것도 뚜렷하게 보이지 않는다.

자만심의 덫을 피하려면

예상을 해 보라 친구 한 명을 떠올려 보라. 그 친구라면 『뉴요커The New Yorker』와 『베니티 페어Vanity fair』 중 어떤 잡지를 구독할까? 당신은 그 예상에 어느 정도 확신을 가지고 있는가? 돈을 건다면 얼마나 걸 것인가? 심리학자들이 이런 질문을 한 다음, 실험 참가자들의 친구들이 실제로 선택한 잡지를 확인했더니 틀린 비율이 엄청나게 높았다. 참가자의 97퍼센트가 자기가 옳다는 점을 지나치게 확신한 것으로 나타났다. 정말로 돈을 걸었다면 참가자들 대부분은 돈을 날렸을 것이다.[2]

지금 당장, 결과를 알 수 없는 일에 대해 다섯 가지 예측을 해 보라. 내용은 무엇이든 좋다. 오늘 밤 경기에서 어느 팀이 이길까? 내일 비가 올까? 뭐든 상관없다. 그런 뒤 예상한 것 중 한두 가지 또는 다섯 가지 전부가 왜 틀렸는지 이유를 찾아보라. 스스로에게 틀린 이유를 설명할 때는 옳은 척할 필요가 없다는 것, 모든 결과가 임의적인 것은 아니라는 사실을 기억하라. 예측에 남달리 뛰어난 이들도 앞으로 무슨 일이 일어날지 항상 맞출 수는 없다. 다만 그들은 자기가 모를 때는 모른다는 사실을 잘 안다.

흔들어라 이미 관점의 각도를 정해 버린 상태라면 다르게 보기란 불가능하다. 그러니 마구 흔들어라. 문자 그대로 몸을 흔들라는 뜻이다. 절반의 참가자들에게는 팔을 크게 휘두르면서 유연하게 움직이라고 하고, 다른 참가자들에게는 작고 정확하게 움직이라고 한 실험이 있었다.[3] 그런 다음 신문지 활용에 대한 다양한 방법을 제시하라는 등의 창의력 검사를 했더니, 유연하게 움직인 집단의 창의력이 24퍼센트 더 높았다. 우리의 몸은 사고과정을 유형적으로 반영한다. 부드럽고 자연스럽게 몸을 움직이면 새로운 생각이 떠오르고, 경직된 몸은 낡은 답에서 벗어나지 못한다.

첫 번째 생각은 과감히 버려라

당신이 TV 게임쇼 〈흥정합시다 Let's Make a Deal 〉에 출연했다고 상상해 보자.

진행자가 당신에게 묻는다. 1번 문, 2번 문, 3번 문 뒤에 상품이 있습니다. 두 개의 문 뒤에는 우스꽝스러운 상품, 말하자면 염소 한 마리가 있습니다. 나머지 문에는 자동차 같은 값비싼 상품이 있습니다. 당신은 어떤 문을 고르겠습니까?

당신은 1번 문을 골랐다. 진행자는 흥미를 고조시키기 위해 3번 문부터 연다. 거기엔 염소 한 마리가 서 있다. 그러자 진행자가 다시 묻는다. 선택을 2번 문으로 바꾸겠습니까, 처음 그대로 1번 문으로 하겠습니까?

이런 경우뿐만 아니라 다른 여러 경우에서도 그렇지만, 우리는 본능적으로 첫 번째 선택을 고수한다. 첫 번째 답이 최선의 답이라고 생각하기 때문이다. 그렇게 생각하지 않았다면 애초에 그 번호를 왜 골랐겠는가? 하지만 2번 문으로 바꾸는 게 현명하다. 그러면 이길 확률이 배로 높아진다.

얼핏 이해가 잘 되지 않는다. 어차피 당신이 이길 확률은 50 대 50이 아닌가? 그런데 사실은 그렇지 않다. 왜냐하면 이미 열린 3번 문은 임의로 선택된 것이 아니기 때문이다. 진행자가 가장 먼저 공개한 문은 당신이 선택하지 않았고, 염소가 놓여 있는 문이라는 두 가지 조건을 충족시켜야 한다.

당신이 처음에 하나를 골랐을 때는 이길 확률이 3분의 1이었다. 본래의 선택을 고집하면 계속 3분의 1의 확률에 머무는 것이 된다. 2번 문으로 바꾸면 염소가 서 있는 문 두 개 중 하나가 제거되었으므로 이길 확률이 3분의 2로 올라간다. 확률이 배가 되는 것은 애초에 당신이 염소를 골랐을 확률이 3분의 2였기 때문이다. 자동차가 있는 문이 아직 열리지 않았으므로 지금 다른 문을 선택하게 되면 염소가 나올 확률 3분의 2에서 자동차가 나올 확률 3분의 2로 갈아타게 된다.

우리에게는 최초의 답에 집착하는 편향first-answer bias이 있다. 첫 번째 답은 빠르고 쉽게 떠오른다. 첫 번째 답이 가장 좋은 답이었다고 생각하면 기분도 좋다. 하지만 첫 번째 답은 최선의 답이 아니다.

생각의 중심부에 문제가 놓이는 것을 방지하려면 어떻게 해야 될까? 가장 먼저 할 일은 초안first draft을 밀치는 것이다.

초안을 밀쳐 내면 문제를 내려놓을 수 있게 된다. 초안을 밀치면 거기에 답이 놓여 있다. 영화 〈죠스〉의 초안은 너무 빤했다. 거대한 상어 장치를 만들어 사람들을 잡아먹게 한다는 진부한 내용이었다. 그 영화가 고전이 된 것은 두 번째 안—상어가 나오지 않는 상어 영화를 만들자—덕분이었고, 그 두 번째 안은 최초로 머릿속에 떠오른 생각 무더기에서 나온 것이 아니었다.

두 번째 안이 가져다준 행복

대부분의 사람들은 일터에서의 일과가 반복적이라는 생각을 때때로 한다. 그런데 만약 날마다 똑같은 시간에 출근해 토씨 하나 다르지 않은 말을 하고, 남들로부터 똑같은 대답을 듣는다면 어떨까?

캐서린 러셀이 그랬다. 그녀는 로널드 레이건 대통령 시절부터 25년 넘게 한 연극에서 똑같은 배역을 연기했다. 『뉴욕 타임스』는 그 연극이 소리 소문 없이 공연을 이어 가고 있어 일종의 도시전설이 되었다면서, 그토록 장기간 공연할 수 있었던 것은 러셀—극단의 단장도 겸하고 있다—덕분이라고 했다. 러셀은 일주일에 8회 공연을 하면서 한 번도 병가나 휴가를 내지 않고 〈완전범죄 Perfect Crime)에 1만 회 이상 출연했다. 뉴욕 시 운수파업 때는 직접 차를 몰고 시내를 누비며 배우와 직원들을 실어 날랐고, 눈보라나 허리케인이 닥쳤을 때도 어떻게든 무대 위에 섰다. 무슨 일이 있어도 쇼는 계속되어야 했다. 러셀의 대역배우에게는 무대에 설 기회가 단 한 번도 주어지지 않았다.

러셀은 일종의 역사를 만들었다. 한 연극에 최다 출연한 배우로 기네스북에 공식적으로 이름을 올렸고, '오프 브로드웨이계의 칼 립켄 Cal Ripken (최장기 출장 기록을 보유한 미국 프로야구 선수 – 옮긴이)'이라는 별명을 얻었으며, 실제로 칼 립켄과 만나기도 했다. 러셀은 자신의 기록이 절대 깨지지 않을 것이라고 믿는데, 그 믿음의 근거는 단순하다. 제정신이라면 그런 기록에 도전할 사람은 없을 테니까.

초안 그대로 밀고 나가기로 치면, 캐서린 러셀만큼 강한 유혹에 시달릴 사람도 없을 것이다. 연극 대사만 해도 20년 넘도록 외울 필요가 없었다. 〈완전범죄〉 공연이 시작되고 몇 년 뒤부터 극작가는 대본을 손보는 것을 중단했다. 하지만 그녀는 자기가 맡은 배역을 꾸준히 재창조하며 매 공연마다 전과 다른 무언가를 보여 주려고 했다.

〈완전범죄〉는 러셀이 맡은 배역인 마거릿을 중심으로 전개되는 살인 미스터리다. 정신과 의사 마거릿은 남편을 살해했다는 의심을 받는데, 연극 막바지에 한 형사가 마거릿을 심문하는 장면이 나온다. 이때 마거릿은 심문을 방해하려고 형사에게 불쑥 "사랑해요"라고 말한다. 그 대사는 유머로도, 사악함으로도, 진지한 음모로도 받아들여질 수 있다. 관객은 웃을 것인가, 숨을 헐떡일 것인가, 숨죽이고 형사의 대답을 기다릴 것인가? 러셀은 그 세 가지 가능성을 전부 다 시험해 봤다. 뿐만 아니라 그녀는 "사랑해요"라고 말하는 방법은 수백 가지라면서 "그 모든 것을 시도해 보았답니다"라고 말했다.

원래 〈완전범죄〉는 한 달 동안 공연될 예정이었지만 관객의 호응이 좋아서 기간이 연장되었다. 몇 달이 지나자 공연 기간이 1년으로 늘었고, 25년이 지나자 뉴욕 연극 사상 최장기 공연작이 되었다.

연기하면서 초안을 내던졌던 것처럼, 러셀은 무대 뒤에서도 최초의 충동을 죄다 내버렸다. 공연 개시 후 17년 동안 〈완전범죄〉는 여러 차례 공연장을 옮겨 다니면서 어렵사리 새 무대를 확보했다. 2005년이 되자 막을 내릴 시점이 된 듯 보였다. 예산과 필요에 맞는 공연장을 도저히 구할 수 없었다. 문제에서 출발했다면 연극은 막을 내렸을 테고 마거릿도 무대에서 사라졌을 것이다.

공연을 계속하고 싶었던 러셀은 책임을 떠맡았다. 상연 가능한 '극장'이 없었으므로 그녀는 탐색 범위를 넓혔다. 연극 무대로 바꿀 수 있을 만큼 충분한 공간은 없을까? 파산한 미용 학교를 찾아낸 러셀은 극단을 설립하고 학교를 두 개의 극장과 리허설장으로 개조했다.

'최장기'라는 주제에 걸맞게, 러셀은 두 극장 중 한 곳에 〈판타스틱〉이라는 뮤지컬을 다시 올렸다. 이전에 42년간 공연되었던 그 작품은 오프 브로드웨이 뮤지컬 사상 최장기 공연 기록을 갖고 있었다. 리허설장은 알 파치노 등 여러 유명 배우들이 이용하는 공간이 되었다.

러셀은 단순히 스타 배우가 아니라 극단 단장으로서 티켓 판매량과 극단의 예산을 점검하고 여성 화장실의 새는 변기를 직접 고치기도 한다. 매일 밤 7시 50분까지 잡다한 일을 처리하다가 남은 10분을 이용해 마거릿으로 변신한다.

객석을 채우기 위해 러셀은 오늘의 특가, 소셜 미디어, 학생 단체관람 등 다양한 판매 전략을 썼다. 그녀는 티켓 가격을 낮춰서 한 번도 연극을 보지 않았던 사람들을 극장으로 끌어들였다는 데 커다란 자부심을 느끼고 있었다.

러셀이 〈완전범죄〉로 경력을 쌓는 과정은 초안을 계속해서 폐기하는 과정이었다. 초안을 고수했다면 한 연극이 수십 년 동안 공연될 수 있었을까? 초안 그대로 하면서 배역을 끝없이 재규정하는 게 가능했을까? 초안에 묶여 있었다면 극장이 없으니 자체 공연장을 만들자는 생각이 나올 수 있었을까? 같은 대사를 수십 년 되풀이하고 있지만 그녀가 이뤄 낸 모든 것은 두 번째 안에서 나온 것이었다.

무대의 막이 오를 때마다 그녀는 앞을 막아섰던 먼 옛날의 문제들을 떠올리며 기쁨을 맛본다. 러셀은 자기 일을 사랑하는 것이 승리이고, 그 승리는 절대 과소평가되어서는 안 된다고 강조한다. "배우 지망자들에게 이런 얘기를 하곤 해요. '아침에 지하철을 타면 주위를 둘러보세요. 일하러 가면서 행복해하는 사람이 있는지 보세요. 그런 사람들이 많던가요? 행복해지고 싶다면 정말 좋아하는 일을 찾으세요.'"

초안을 낯설게 보라

좋은 잡지 기사는 비행기에서 이뤄진 우연한 만남과 비슷하다. 잠깐 관심을 모으지만 곧 완전히 잊히고 만다. 하지만 1966년 게이 텔레스Gay Talese가 『에스콰이어』지에 발표한 '프랭크 시나트라, 감기에 걸리다'라는 기사는 다르다. 지금까지도 사람들의 기억 속에 살아 있고, 논쟁거리가 되고 있으며, 숭배의 대상이 되기까지 한다. 여러 장면과 대화, 행동, 생생한 묘사로 구성된 이 기사는 논픽션도 픽션 못지않게 강렬하고 흥미진진할 수 있다고 믿는 이들에게는 일종의 교과서와 같으며, 뉴저널리즘 운동의 한 축이 되었다는 평가를 받고 있다.

무엇보다, 이 기사는 지금도 읽히고 있다. 왜냐하면 흥미롭기 때문이다. 텔레스는 시나트라로부터 인터뷰를 거절당했지만 주위를 맴돌면서 그의 진면목을 기사에 담았다. 이 기사를 읽으면 시나트라의 세상을, 잠깐이지만 직접 들여다본 느낌을 받는다.

이 기사엔 잠시 시나트라의 삶에 얼굴을 비췄다 사라진 이들의 모습도 담겨 있다. 할란 엘리슨Harlan Ellison도 그렇게 스쳐 지나간 사람 중 한 명이었다.

그날 밤 엘리슨은 당구를 치는 사람들을 바라보며 하릴없이 클럽 한구석에 서 있었다. 시나트라도 거기에 있었다. 예스맨들과, 공연히 옆에서 얼쩡대는 이들에게 둘러싸여 바에 앉아 있던 시나트라의 눈길이 엘리슨의 부츠에 닿았다. 시나트라는 그 부츠가 신경에 거슬렸다.

클럽을 가로질러 엘리슨에게 다가간 시나트라는 부츠가 형편없다며 "자네가 옷 입는 방식이 마음에 들지 않는군"이라고 딱 잘라서 말했다. 그러더니 직업이 뭐냐고 물었다. 엘리슨이 배관공이라고 대답하자 다른 누군가가 끼어들어 그가 영화 대본을 완성했다고 말했다. 시나트라는 보나마나 형편없는 영화일 거라고 경멸을 담아 말했고, 엘리슨은 영화가 아직 공개되지 않았다고 대답했다.

시나트라에게는 사소한 순간일 뿐이었다. 기사 제목이 보여 주듯, 당시 그는 감기에 걸려 기분이 안 좋았다. 아무것도 아닌 일화였지만 텔레스는 우스꽝스러울 정도로 사소한 그 순간의 긴장감을 독자에게 생생하게 전달하면서, 시나트라는 3분쯤 지나면 잊어버리겠지만 할란 엘리슨은 평생 기억하게 될 거라고 묘사했다.

기사가 명성을 안겨 준 것은 훗날의 일이었고, 처음엔 시나트라 기사를 쓴다는 것 자체가 엄청난 도전이었다. 인터뷰 요청에 미적지근한 반응을 보였던 시나트라의 홍보대행사가 결국 인터뷰를 거절했기 때문이다. 프랭크 시나트라를 만나지 않고 프랭크 시나트라 기사를 쓴다는 게 가능할까? 텔레스도 처음에는 인터뷰를 못하면 기사를 제대로 쓸 수 없을 거라고 생각했다. 하지만 재차 생각해 보니 틀에 박힌 유명인 인터뷰보다 한층 더 깊이 있고 흥미로운 무언가를 건질 수도 있을 것 같았다.

텔레스는 시나트라에게는 한마디 말을 걸지 않은 채 할란 엘리슨, 시나트라의 친구 및 지인 몇 사람과 이야기를 나누었다. 단순히 주변 인물들과 대화를 나누는 데 그치지 않고 주의 깊게 관찰했고, 시나트라 주위의 공기 속에 몸을 담갔다. 거기에는 한때 세계 제일의 스타였던 어떤 인물, 하지만 쉰 살 생일을 앞두고 변해버린 현실에 직면한 인물이 있었다. 시나트라도, 그의 동시대 가수들도 다시는 음악계의 중심에 서지 못할 터였다. 그 자리는 이미 음악계를 접수한 밥 딜런, 비틀즈 등 신세대 싱어송라이터들을 위한 것이었다. 시나트라는 향수의 대상이 될 만큼 나이가 든 것도, 새로운 성공을 추구할 만큼 젊은 것도 아니어서 이러지도 저러지도 못하는 상황이었다. 그런 시나트라의 감정을, 텔레스는 부츠를 둘러싼 시비 등 사소한 장면을 통해 독자들에게 완벽하게 전달했다.

텔레스는 자신의 글이 관점과 깊이를 갖게 된 것은 초안을 비트는 과정을 거친 덕분이라고 생각한다. 한 발 한 발 공들여 나아가는 과정에서 단편적인 사실들을 거듭 재구성할 기회를 얻기 때문에 안이한 초기의 발상에 안주하지 않을 수 있다는 것이다.

텔레스는 글을 쓸 때 상세한 메모에서 출발한다. 특이하게도 세탁소에서 셔츠에 끼워 넣는 마분지에 초고를 쓴다. 이어 황색 리갈패드에 옮겨 적고 그 다음엔 타자기로 친다. 이 단계를 거칠 때마다 기사를 다시 다듬고, 다시 고치고, 다시 손질한다.

그는 초고를 완성된 기사나 혹은 완성에 가까운 기사로 절대 생각하지 않는다. 실제로 그는 마분지 낱장들을 핀으로 벽에 붙인다. 초고가 고정된 것이라고 전제하지 않으려고 의식적으로 노력하면서 "다른 사람이 쓴 글인 것처럼 낯설게 보기"를 원하기 때문이다. 낯선 느낌을 극대화시키기 위해 일부러 멀리서—방 건너편에 서서 쌍안경으로—벽에 붙은 초고를 읽기도 한다.

쓴 기사를 책상 위에 두고 읽을 때에는 복사본을 두 부 만든다. 한 부는 일반적인 크기로, 다른 한 부는 3분의 1 크기로 축소해 만든다. 그렇게 해서 두 개의 다른 원고를 읽는 효과를 얻고, 두 원고를 각각 다른 느낌으로 읽으려 한다. 텔레스는 "그렇게 하면 다른 시각을 얻는 데 도움이 됩니다"라고 했다.

텔레스에게 기사 초고는 메모에 지나지 않는다. 고정된 것이 아니고, 완성을 앞둔 결과물이 아니다. 단순히 한 단계에 불과하다. "저는 쓰고, 다시 쓰고, 다시 쓰고, 또 씁니다"라고 그는 말했다.

텔레스가 시나트라를 직접 만나 틀에 박힌 인터뷰 기사를 썼더라면 곧 잊혔을 것이다. 하지만 초안 사고를 내던졌기 때문에, 벽에 초고를 붙여 놓고 비판적으로 검토했기 때문에, 논픽션 기사의 새로운 기준을 만드는 데 일조한 영원히 기억에 남을 기사를 썼다.

세부사항의 독재

좀 특이한 질문을 해 보겠다. 머나먼 행성을 한번 상상해 보자. 지구와는 전혀 다른 행성이다. 그 행성의 생물체들은 어떻게 생겼을까? 한 가지만 생각해 보라.

마음속에 그 생물체의 모습을 떠올려 보라. 그런 뒤 연필로 그려 보라. 지금 바로 이 책의 여백에 그려 보라. 다 그렸다면 이제 연필을 내려놓자.

우리는 상상에 관해 몹시 낭만적인 관념을 갖고 있다. 아주 복잡하며 본질적으로 독특한 것이라고 생각한다. 상상은 예상할 수 없고, 형체로 만들 수 없고, 억누를 수 없다고 믿는다. 상상은 무한한 가능성이 담긴, 우리 각자의 실험실이기를 우리는 바란다.

이제 당신이 그린 생물체를 보라. 당신은 눈을 그렸는가? 몇 개나 그렸는가? 두 개? 그 생물체는 눈을 보는 용도로 쓰는가? 눈은 어느 위치에 그려 넣었는가? 입보다 위인가, 아래인가? 당신이 그린 눈들은 대칭적인가, 아니면 불규칙적으로 위치하고 있는가?

당신이 그린 외계 생물체의 눈은 인간, 포유류 등 친숙한 생물의 눈과 비슷할 가능성이 그렇지 않을 가능성보다 높다. 이는 심리학자 토머스 워드Thomas Ward 의 실험에서 밝혀진 사실이다.[1] 워드는 실험 참가자들에게 형태, 모양, 기능에 구애받지 말고 외계 생물체를 그려 보라고 했다. 그런데 참가자들이 그린 것은 익숙한 형태, 모양, 구조를 가진, 전형적인 지구 생명체와 유사한 모습이었다.

발 대신 바퀴가 달린 생물체나, 다리에 입이 달린 생물체를 그린 사람은 없었다. 대개 실험 참가자들이 그린 생물체에는 걷는 데에만 사용되는 다리가 있었다. 지구 생물들과의 중요한 차이점이 한 가지 이내인 모습을 상상한 참가자들이 89퍼센트나 되었다.

무한한 상상을 펼칠 수 있음에도 불구하고 실험 참가자들이 그러한 상상력을 요구받았을 때 맨 처음 내놓은 결과물은 기존 범주에 근거한 것이었다. 마찬가지로 책이나 블록을 분류할 때도 우리는 상상력을 가동하는 첫 단계에서 반사적으로 기존의 분류 방식부터 떠올린다.

이 범주 효과category effect 는 너무도 강력해서, 워드의 두 번째 실험에서는—범주를 제시했다—참가자들의 상상력이 전무한 것처럼 보이는 결과가 나왔다. 두 번째 실험에서 워드는 머나먼 행성의 생물체를 상상해 보라면서 그 생물에는 깃털이 있다는 단서를 붙였다. 그러자 참가자 대부분이 날개와 부리가 있고 코는 없는 외계 생물체를 그려 냈다. **깃털**이라는 단어가 **새**라는 범주를 떠올리게 했기 때문에 참가자들은 그 범주에 갇히고 말았다.

분명 상상력을 마음껏 펼칠 기회였다. 대기의 종류를 비롯해 모든 조건이 미지인 머나먼 행성을 떠올리면 되었다. 그들 앞에는 종이 한 장과 독특한 무언가를 떠올릴 자유가 있었다. 그런데 범주에 관한 힌트가 던져진 것만으로도 참가자들은 거대 오리들이 사는 행성을 상상하는 쪽으로 끌려가고 말았다.

실험 참가자들이 이런 범주화 충동에 굴복하는 것을 관찰한 워드는 사람들이 최초의 범주를 밀쳐 내게 만들면 어떤 일이 벌어질지 궁금했다.

세 번째 실험에서 워드는 머나먼 행성에 몇 가지 배경을 부여했다. 그 행성은 대부분 용암으로 덮여 있고, 용암의 바다 사이에는 생명이 살아갈 수 있는 단단한 땅이 섬처럼 떠 있다는 가정이었다. 이는 먹이를 찾아 섬에서 섬으로 이동하는 능력이 생물의 생존에 필수적이라는 것을 의미한다.

여기에 그는 한 가지 내용을 덧붙였다. 한 실험 집단에는 이 행성의 생물체에 깃털이 있다고 했고, 다른 집단에는 털이 있다고 했다.

깃털 집단―비행 능력이 필요하며 깃털이 있는 생물체라는 조건을 받은―은 대개 보행자처럼 생긴 새를 그렸다.

털 집단은 상상력 과제를 단순한 범주화를 통해 수행하려는 본능이 가로막힌 상황이었다. 그들이 상상하도록 주문받은 것은 새 같기도 하고 새 아닌 것 같기도 한 생물체였다. 그러자 극적인 결과가 나왔다.

털 집단은 친숙한 생물의 모습을 그리지 않고 완전히 독특한 생물을 만들어 냈다. 새의 특징을 한 가지 가진 생물은 새의 모든 특징을 가져야 한다는 충동이 제거되었던 것이다. 따라서 비행 능력의 필요성이 부리가 있을 필요성이나 겉으로 드러나지 않는 귀를 가져야 할 필요성과 연결되지 않았다.

두 집단의 그림을 나란히 놓고 비교해 보니, 깃털 집단의 그림들은 뒷마당에서 흔히 보는 평범한 새에 약간의 변화만을 주었다는 것이 한눈에 드러났다. 반면 털 집단이 그린 그림은 지금껏 보아 온 생물들과 전혀 달랐다.

두 집단 간의 차이가 얼마나 심한지는 숫자로 잘 드러난다. 깃털 집단의 경우, 새처럼 생긴 생물이 용암으로 뒤덮인 행성에서 살아간다고 상상했음에도 불구하고 참가자들 중 30퍼센트만이 지구와는 전혀 다른 환경에서 그 생물이 번성하는 데 필요한 특징을 부여했다. 반면 털 집단은 지구상에서 볼 수 없는 특징들을 가상의 생물에 부여하는 데 그치지 않고, 57퍼센트가 지구상에는 존재하지 않는 독특한 적응 능력을 가진 생물을 그려 냈다.

털 집단은 이미 아는 것에 의지하려는 초안 충동을 떨쳐 내야 했다. 단순히 새를 그리는 것으로는 과제를 수행할 수 없었다. 새는 털이라는 범주에 맞지 않았기 때문이다. 초안 밀쳐 내기는 털 집단의 창의력을 배가시켰고, 깃털 집단의 작업을 지배한 반사적인 범주화를 차단했다.

워드의 실험이 보여 주듯, 초안은 가장 먼저 떠오르는 범주를 이용한다. 해결하려는 문제의 성격과 무관하게 우리의 대응은 이미 아는 것들, 쉽게 생각해 낼 수 있는 것들에 의해 제한된다. 초안은 예상 불가능, 모델링 불가능, 억제 불가능한 것과는 거리가 멀다. 무릎 밑을 치면 다리가 무의식적으로 올라가는 것과 다름없는 일종의 반사작용으로, 전혀 독특하지 않다.

이 최초의 충동은 지식을 독특하게 조합하거나 정말 독창적인 아이디어에 접근하는 것을 가로막는다. 초안은 구조화된 상상의 산물이다. 초안은 창의력 과제를 수학 문제처럼 다루기 때문에, 우리는 기존의 정보를 바탕으로 그 위에 정보를 덧붙이려 시도하게 된다.

워드의 실험에 참가한 이들이 더 독창적인 외계 생물을 그릴 수 있었을까? 워드는 그럴 수 있었다고 확신한다. "그렇습니다. 무한히 다양한 종류의 시각적 형태들, 예컨대 최근에 본 구름, 바위, 모래 언덕, 스파게티 요리 등을 응용해 생물체의 모습을 정할 수 있었죠." 하지만 참가자들은 초안에서 멈추었기 때문에 그렇게 하지 않았다.

워드는 이를 "최소 저항을 유발하는 경로, 세부사항의 독재"라고 불렀다. 가장 빠르고 쉬운 대답은 즉시 마음에 떠오르는 이미 아는 내용일 것이며 새로운 요소는 아무것도 없다.

더 나은 길이 있다. 워드는 "알려진 전형으로부터 만족스러운 결과물을 발전시키는 과정에서 난관을 경험하도록 만들면 창의적인 결과가 나올 가능성이 높아집니다"라고 강조했다. 쉽게 말해 초안을 내던지면 더 나은 것, 훨씬 더 혁신적이고 유용한 것을 만들 수 있다는 얘기다.

거물 투자자가 철도회사에 투자한 이유

100년 전쯤 투자의 달인들은 미국 철도를 사들였다. 역사학자 자크 바준Jacques Barzun은 "철도는 제도, 인간의 이미지, 전통, 신사도, 시의 원천"이라고 말했지만, 월가 거물들과 유럽 부호들이 철도로 몰린 건 거기서 영원한 부의 약속을 보았기 때문이다.

그로부터 50년이 지나고 보니 철도산업은 영원한 것도, 큰 이익이 남는 것도 아니었다. 블루칩 철도회사들─뉴욕 센트럴 철도, 펜실베이니아 철도—이 빚에 짓눌려 사라졌다. 다른 철도회사들도 합병, 긴급구제 등의 생명선에 필사적으로 매달렸다.

1960년에 『하버드 비즈니스 리뷰』는 막강했던 미국 철도의 몰락을 다루면서 그 원인으로 근시안을 뽑았다. 눈앞의 것밖에 보지 못했고, 상상력이 결여되었으며, 선견지명이 없었다고 지적했다.

철도회사들의 시선은 자사 제품에만 쏠려 있었다. 그때까지만 해도, 열차와 전차, 선로를 소유하고 철도산업 속에 몸을 담그고 있는 입장에서 보면 항상 막대한 이익이 남았다. 그런데 화물을 옮기려는 고객 입장에서는 반드시 열차를 이용해야 하는 건 아니었다. 항공 및 트럭 운송의 부상으로 여러 대안들이 존재하게 되자 고객은 유연한 선택을 할 수 있었다. 그 결과 미국 경제의 활황과 화물 운송의 폭발적 증가에도 불구하고 철도 운송량은 감소했다.

『하버드 비즈니스 리뷰』는 1900년의 철도 거물들이 "불굴의 자신감"을 갖고 있었다고 묘사했다. 그 당시에 누군가가, 앞으로 60년 뒤에는 그들이 "파산한 채 나자빠져서 보조금을 달라고 정부에 애걸할 거라고 했다면, 완전히 미친 사람으로 취급당했을 것"이다. 그런 일은 있을 수 없었다. "토론할 만한 주제, 물어볼 만한 질문조차 아니었다. (…) 아예 정신 나간 생각이었다." 제트 항공기 역시 그들에게는 터무니없는 가정이었을 것이다. 그런 기준에서 보자면 정신 나간 것으로 여겨진 것들 중 많은 것들이 현실이 된 셈이다.

철도업계는 초안을 사랑했다. 거대한 설비를 구축해 두었던 철도회사들은 처음에 생각했던 방식을 고수하려 했다. 하지만 『하버드 비즈니스 리뷰』가 경고했듯, 초점을 자사 제품에서 고객으로 바꾸지 않는다면 운송할 물량이 전무한 날이 닥칠 터였다.

『하버드 비즈니스 리뷰』가 철도산업에 종부성사를 행하고 50년 뒤, 거물 투자자 워렌 버핏은 그의 투자 인생을 통틀어 최대 규모의 기업 인수를 단행했다. 버핏은 이를 "올인 투자all-in bet"라고 표현했는데, 그가 올인한 대상이 바로 미국 철도회사였다.

건실한 회사에 투자하는 것으로 유명한 버핏이었기에 놀라운 방향 전환이었다. 어렸을 때 기차를 가지고 놀았다고 알려진 그가 차갑고 객관적인 숫자를 무시하고 감상적인 투자를 한 것인지도 모른다는 지적이 나올 정도였다. 100년 동안 철도회사가 외면당한 데는 그만한 이유가 있는 게 아닌가?

버핏은 BNSF 철도 인수를 발표하면서 이 회사가 "앞으로 200년 동안" 번성할 회사라고 했다. 사람들이 요즘 철도업계 현황을 몰라서 기회를 놓친 것이라며 드러내 놓고 기쁨을 표하기도 했다. 버핏 말대로, 그동안 시대의 흐름을 외면한 채 웅크렸던 미국 철도회사들은 21세기 기업으로 변신하면서 활력을 되찾았다. 철도업계는 마침내, 그리고 분명하게, 초안을 내던졌다. 철도회사들은 철도 자체가 무조건 가치 있는 것이라고 전제하지 않고, 철도를 고객의 수요에 통합시키기 시작했다. 다른 운송수단을 무시하는 게 아니라 비행기, 기차, 선박, 트럭이 연결된 수송망 구축을 선도했다. 요즘에는 수화물이 열차에 실려 최종 목적지의 몇 킬로미터 전까지 옮겨진 뒤 화물 트레일러를 통해 고객에게 배달된다.

이와 함께 철도회사들은 성능이 더 좋은 엔진, 이층 화물차 같은 개량된 디자인에도 투자를 했다. 그 결과 철도는 화물 수송에서 최저 연비를 자랑하게 되었다. 운송량으로 따지면 열차 1대는 트럭 280대 분의 화물을 옮길 수 있다.

버핏이 덤벼든 것도 BNSF 철도회사가 고객의 수요에 맞추는 방법을 안다는 점 때문이었다. 적절한 자극을 받은 뒤 실험 참가자들이 독창적인 외계 생물을 그렸듯, 철도회사들은 드디어 옛 범주를 내던지고, 마음을 열고, 두 번째 초안으로 옮겨 갔다. 50년 전 30퍼센트였던 철도의 미국 운송시장 점유율은 현재 50퍼센트 이상으로 올라갔다.

버핏은 "철도는 우리와 함께 있을 겁니다. 미국 경제가 존재하는 한 좋은 철도도 존재할 겁니다"라고 잘라 말했다. 초안 내던지기를 계속 실천한다면 그럴 것이다.

FBI는 왜 평범한 노인을 찾았을까

그는 〈미국의 지명수배자 America's Most Wanted 〉 프로그램의 16회

주인공이었다. 미국 연방수사국FBI이 전담팀을 꾸려 추적했던 범죄자로, 정부 관계자들의 말에 따르면 미국의 법집행 역사상 가장 많은 비용을 들여 뒤쫓은 범인이었다. 폭력단 두목 및 살인자로 수배된 제임스 '화이티' 벌저James 'Whitey' Bulger는 18년 동안 체포망을 유유히 빠져나갔다. 벌저가 몸담은 세계 자체가 품행이 바른 곳은 아니었지만 그는 유독 사악하고 표리부동한 인물이었다.

한편 찰리 개스코Charlie Gasko는 악명 높은 범죄자와는 전혀 거리가 먼 사람처럼 보였다. 돈을 뿌리기는커녕 근근이 입에 풀칠만 하는 것처럼 보였다. 옷차림은 수수했고, 자동차 등 비싼 물품도 전혀 갖고 있지 않았고, 가구도 낡아빠진 것들이었다. 찰리는 아파트 단지 내에서 모범적인 세입자로 알려져 있었다. 어떤 일에도, 누구에게도 불평하지 않았으며 퉁명스런 말을 입 밖으로 내뱉는 일도 없었다. 찰리는 별다른 교류 없이 조용히 살았다. 주인 없는 동물들에게 애정을 쏟는 것 외에는 전혀 눈에 띄지 않는 인물이었다.

찰리는 주로 TV를 보며 집 안에서 시간을 보냈다. 그중 〈미국의 지명수배자〉는 절대 놓치지 않았다. 화이티 벌저를 다룬 16회도 처음부터 끝까지 보았을 터였다.

겉보기엔 전혀 달랐지만, 찰리와 화이티에게는 결정적인 공통점이 하나 있었다. 사실 둘은 같은 사람이었다. 하지만 화이티가 만들어 낸 찰리라는 인물이 너무 소박했기 때문에, 임대료 상한제가 있는 샌타모니카의 아파트 주민들은 13년 동안 두 사람을 엮어서 생각하지 못했다.

FBI—상상력을 발휘하지 않고 초안 사고에 묶여 있던—는 폭력단 두목인 벌저를 추적했다. "저희는 조직폭력배를 찾고 있었습니다. 그게 문제의 일부분이었죠." FBI의 벌저 전담반에 배속되었던 보스턴 경찰국의 찰스 플레밍 형사는 말했다. "그는 더 이상 조직폭력배가 아니었는데 말이죠." FBI가 유럽에서 사치스럽게 지내고 있을 폭력단 두목 벌저를 추적하는 동안, 찰리 개스코로 변신한 그는 집 밖 출입을 거의 하지 않았다. FBI가 벌저의 돈다발을 쫓는 동안, 찰리 개스코는 고정 수입으로 생활하는 노인처럼 살았다.

그런데 오사마 빈 라덴이 제거된 것을 계기로 화이티 벌저가 FBI의 최우선 표적으로 떠올랐다. 오랜 세월에 걸친 실패, 체포의 중요성이 더욱 높아진 상황이 맞물리면서 마침내 FBI는 추적 방식을 바꾸었다. 철도회사들과 마찬가지로, 여건 변화로 인해 FBI는 초안에 대한 집착을 버리고 해답으로 통하는 문을 열었다.

폭력단 두목이 살 법한 곳을 뒤지는 대신 FBI는 여든 살 노인이 살기 좋은 장소로 관심을 돌렸다. 또 벌저—오랜 실패와 〈미국의 지명수배자〉 16회가 증명하듯 길에서 만나면 쉽게 알아볼 수 없는—가 아니라 애인인 캐서린 그레이그 Catherine Greig 에게 초점을 맞추었다. 벌저보다 스무 살 이상 나이가 어린 그레이그 쪽이 사람들에게 뚜렷하고 분명한 인상을 남길 것으로 판단했다.

그레이그에 초점을 맞춘 FBI는 대중의 도움을 바라는 새로운 TV 광고를 만들어 캘리포니아의 시장 등에서 방송했다. 광고는 월요일에 전파를 탔고, 같은 날 CNN은 그 광고에 관한 보도를 했다. 그 CNN 뉴스를 본 사람 중에 아이슬란드의 레이캬비크에서 살고 있는 한 여성이 있었다. 미스 아이슬란드 출신인 그녀는 캘리포니아의 샌타모니카에서 자주 겨울을 보냈다.

그녀는 한눈에 캐서린 그레이그를 알아봤다. 그레이그와 벌저가 인근 길모퉁이에서 길고양이에게 먹이를 주는 모습을 자주 보았고, 가끔은 두 사람과 이야기를 나누기도 했다.

화요일, FBI는 아이슬란드에서 걸려온 전화를 받았다. 수요일, 잠복근무에 들어간 FBI는 벌저와 그레이그가 사는 곳을 확인했다. 벌저를 속여 아파트 지하로 유인한 FBI는 그를 체포했다. 그러자 그레이그는 자수를 했다.

악명 높은 범죄자의 도주는 이로써 막을 내렸다. 폭력이나 사치스러운 생활이 아니라 길고양이를 돌보는 평범한 노인의 평범한 습관 탓에 꼬리가 잡혔다. FBI는 폭력단 두목 화이티 벌저를 어떻게 체포할 수 있었던가? 자취를 감춘 범죄자라는 문제에 초점을 맞추는 대신 노인을 찾는 쪽으로 방향을 틀었기에 가능했다.

핵심 정리

초안은 문제가 눈앞에 있을 때 가장 빠르게 나타나는 반응이다. 문제를 중심으로 상황을 규정하는 으뜸가는 방법이다.

초안을 고집했을 때 철도회사들은 고객을 생각하지 않았고, FBI는 조직폭력배가 있을 법한 장소에서 조직폭력배를 찾았다. 초안을 따랐다면 캐서린 러셀은 성공을 가져다줄 연극을 포기했을 것이고, 게이 텔레스는 인터뷰 허락을 받지 못해 프랭크 시나트라에 대한 기사를 접었을 것이다.

초안을 밀쳐 내면 문제 또한 밀쳐 낼 수 있다. 철도회사들은 사업을 재정의해서 투자 거물이 탐내는 인수 대상이 되었다. FBI는 추적 방식을 재규정해서 목표물을 체포했다. 캐서린 러셀은 배역을 재규정해서 자신의 무대를 창조했다. 게이 텔레스는 유명인 기사를 재규정해서 시나트라와의 인터뷰 없이 전설적인 기사를 썼다.

초안에는 상상력이 없다. 초안은 문제가 제공한 좁은 범주에서 성립한다. 우리가 반사적으로 손을 뻗었을 때 잡을 수 있는 최초의 것이다. 하지만 토머스 워드가 실험에서 발견한 것처럼 **최초의 충동이 작동되지 않을 때 우리의 창의력은 배로 높아진다.**

초안은 확대경과 같다. 바로 앞에 놓인 것을 면밀히 보고자 할 때는 유용하다. 그러나 초안을 밀쳐 내면 망원경을 손에 넣을 수 있다. 망원경은 가장 가깝고 쉬운 것 너머에 있는, 지금껏 한 번도 보지 못했던 다른 것을 볼 수 있게 해 준다.

두 번째 안으로 가려면

기꺼이 실패하라 안 될 것 같은 일을 시도하라. 실패할 것 같은 일을 시도하라. 우리는 틀리는 것을 몹시 싫어하기 때문에 필사적으로 실패를 맛보지 않으려 한다. 하지만 실패 속에서 찾을 수 있는 탐색과 발견도 있다. 애니메이션 제작사인 픽사의 공동창업자 에드윈 캐트멀Edwin Catmull 은 애니메이션을 만드는 과정이 "실망에서 괜찮음으로 가는 과정"이라고 했다. 그들은 처음엔 실패로 보이는 것에서 출발해 마법을 창조한다. 픽사의 대표작 〈니모를 찾아서〉와 〈월-E〉를 만든 앤드루 스탠턴Andrew Stanton 감독은 "제 전략은 한결같습니다. 가능한 한 빨리 틀리자는 것이죠"라고 말했다. 실패를 두려워하지 않는다면 엄청난 자유와 가능성이 있으며, 빨리 실패하는 게 한 번도 실패하지 않는 것보다 낫다.

멋대로 해 보라 통상적인 순서와 방법을 뒤섞어라. 규칙에서 벗어나 제멋대로 해 보라. 샌드위치 만드는 순서를 바꾸는 사소한 일이라도 좋다. 오늘은 젤리를 먼저 얹고 그 위에 땅콩버터를 발라 보라. 사람들에게 일상적인 일의 순서를 바꿔 보라고 했더니, 다양한 개념으로부터 아이디어를 구축하는 인지 유연성 점수가 18퍼센트나 증가했다는 연구 결과가 있다.[2]

한눈을 팔아라

마당 구석 화단에 물을 줄 때 당신은 일단 호스를 끌고 화단으로 다가가는가? 아니면 사전에 호스가 걸릴 부분은 없는지를 점검하는가?

대부분의 사람들은 그냥 호스를 들고 다가간다. 그러다가 **항상** 무언가에 호스가 걸린다. 최초의 대응, 가장 빠르고 직접적인 대응은 최선의 해결책도 아니고 가장 손쉬운 해결책도 아니다.

문제가 생기면 우리는 해답을 원한다. 그것도 즉각적인 답을 원한다. 제때 답이 주어지길 바란다. 하지만 책상 앞에 앉아서 부르기만 한다고 해답이 달려오는 건 아니다. 해답이 '해결책'이라고 표시된 상자 속에 들어 있는 것도 아니다. 해답은 베개 위에 놓여 있고, 공원에 있고, 점심식사를 하려고 줄을 서서 따분하게 기다리고 있을 때 다가오기도 한다. 최선의 답은 문제를 내려놓고, 당신이 있는 시간과 장소를 변화시키고, 맥락을 바꿀 때 발견된다. 그러면 우리의 뇌가 연관성을 찾아내 무엇이 가능한지 탐색할 기회를 갖게 된다.

최선의 답은 피자가 아니다. 30분 안에 배달되지 않는다. 하지만 오기는 온다. 답이 왔을 때는 당신이 상상했던 것 이상의 것, 피자보다 더 좋은 것이 온다.

지금 면전에서 당신을 노려보는 문제가 있다면 어떻게 해야 할까? 일어서라. 비유가 아니라, 당신이 걸려 넘어진 그 지점에서 신체적으로 몸을 일으켜라. 그런 다음 문제를 내려놓아라. 뭐든 좋으니 다른 것에 관해 생각하라. 그리고 당신 자신에게 시간을 줘라. 문제로부터 시선을 돌리면 해답이 눈에 들어올 것이다.

과제에 압도당하지 않는 방법

이것은 새 TV 퀴즈쇼 제목 같다. 하지만 어떤 퀴즈쇼도 이것보다는 쉽다. 이것은 몹시 까다롭고 극적이며, 멀쩡한 성인들의 무릎이 꺾이게 만든다.

바로 '지식Knowledge'이라는 런던 택시기사 면허시험이다. 그 시험을 통과하면 런던에서 택시를 몰 수 있는 욕심나는 상이 주어진다.

그렇다면 대체 어떤 '지식'일까? '지식'이란 런던의 택시기사가 알아야 할 모든 것들을 말한다. 우선 런던 중심부 반경 9.6킬로미터 안에 있는 모든 도로를 알아야 한다. **모든** 도로다. 주도로는 물론 옆길, 일방통행로까지 빠짐없이 알아야 한다. 도로들이 만나는 교차점, 교차 순서도 알아야 한다. 런던 중심부에 얽히고설킨 도로의 수는 2만 6천 개다.

그런데 런던 도로는 한 가지 특징이 있다. 아무런 규칙 없이 배열되어 있다는 것이다. 예측 가능한 교차점에 의해 일정한 길이로 분할된 대칭적 격자 형태가 아니다. 도로명도 규칙 없이 제멋대로여서 도로명만으로는 도로들 사이의 관계를 도통 알 수 없다. 뉴욕 맨해튼의 경우에는, 42번 스트리트는 82번 스트리트에서 남쪽으로 40블록 아래에 있고, 5번 애비뉴는 8번 애비뉴에서 동쪽으로 3블록을 가면 나온다. 런던에서는 그런 예측이 불가능하다. 런던의 도로명은 임의로 붙여져 있고, 각 도로는 바닥에 쏟아진 스파게티처럼 제멋대로 교차한다.

랜드마크들도 또 다른 난관이다. 빅벤, 버킹엄 궁전, 런던 다리는 알아야 된다고 치자. 하지만 택시기사는 박물관, 식당, 호텔, 병원 등도 죄다 알아야 한다. 모두 합치면 18만 6천 개다. 택시 기사는 이 랜드마크들이 어떤 도로에 있는지, 도로의 어느 편에 있는지 알아야 하고, 출발지점에서 거기까지 가는 가장 **빠른** 경로를 찾아내야 한다.

이러한 '지식' 시험은 작은 사무실에서 한 명씩 치른다. 응시자는 정장을 입어야 하고, 시험관을 '선생님 Sir'이라는 경칭으로 불러야 하고, 단 1초도 지각하면 안 된다.

드디어 시험관이 입장한다. 사건 관계자의 말을 믿지 않는 회의적인 경찰관 같은 모습이다. 오랜 시험관 경력을 자랑하는 앨런 프라이스는 "유자격자인지 아닌지 척 보면 알 수 있죠"라고 말했다.

시험관이 파일을 펼쳐 출발지와 목적지를 알려 준다. 택시기사 면허시험 응시자는 가장 빠른 경로로 목적지에 도달해야 하는데 방향을 꺾을 때마다, 또 랜드마크들을 통과할 때마다 머릿속에 든 지도를 사용해 일일이 설명해야 한다.

응시자가 실수할까 봐 긴장해 땀을 흘리는 동안, 시험관은 진짜 지도를 옆에 놓고 거만하게 앉아서 응시자가 실수하기를 기다린다. 얼마나 신경을 갉아먹는 경험인지 "시험을 끝내고 나가면 자기 이름도 기억이 안 날 것"이라고 프라이스는 말한다.

게다가 시험 절차가 그걸로 끝난 것도 아니다. 아직 멀었다. 시험관이 지정한 목적지 4곳에 이르는 경로를 완벽하게 제시한 응시자는 그로부터 3~8주 후에 다시 불려 와 다른 질문들에 또 답해야 한다. 이런 식으로 이어지는 시험 절차가 모두 끝나려면 1년이 넘게 걸린다. "지식 시험은 치통과 같아요. 사라지지 않거든요"라고 프라이스는 말했다.

시험 하나 치르는 데 왜 이렇게 오래 걸리는 것일까? 몹시 이상한 시험 방식―알려지기로는 450년 된 유물이다. 영국의 남작도 런던 지리를 아는 사람을 찾을 수 없었던 시절에 시작되었다고 한다―이지만 아주 효과적인 것이기도 하다.

면허시험 응시자가 앉은 자리에서 런던 지리를 몽땅 익히려고 한다면 지나치게 과중한 부담이 아닐 수 없다. 과제가 너무 부담스러워 지레 겁을 먹고 포기할 것이다. 하지만 날마다 도로를 하나씩 차례로 익히면 못할 일도 아니다.

뇌가 그런 작업을 할 때의 과정을 실제로 관찰한 연구가 있다. 런던대학교 신경학연구소의 연구원들은 런던에서 택시를 몰 때나 '지식' 시험을 준비할 때 뇌에서 어떤 일이 일어나는지 알아보기로 했다. 자기들이 별개 품종이며 연구자들의 주의를 끌 가치가 충분하다고 여겼던 많은 택시 기사들이 기꺼이 뇌 스캔을 받겠다고 자원했다. 시험 준비 및 시내 운전을 하는 그들의 뇌를 스캔했더니, 면허시험 통과를 위해 공부하는 동안, 그리고 더 숙련된 운전자가 되어 가는 동안 뇌의 해마가 커지는 현상이 나타났다. 해마는 항행 지침과 관련된 영역이다. 항행 기술이 생존에 절대적인 조류 및 동물들은 해마가 크다. 택시 기사들도 머릿속에 런던 지도를 축적하다 보니 이를 보관하기 위해 뇌가 커졌다.

흥미로운 것은 버스 기사들에게서는 이런 현상이 나타나지 않는다는 점이다. 같은 경로를 반복 운행하므로 광범위한 지도를 머릿속에 보관할 필요가 없기 때문이다. 일반 운전자들도―길을 알 필요는 있지만—해마 크기에는 변화가 없었다. 지리를 익힐 절박한 필요, 직업적 거리 측정 능력 둘 다를 모두 가진 택시 기사들에게서만 유독 그런 현상이 나타났다.

런던 지리를 하룻밤 만에 익히는 것은 불가능하다. 시도해 본들 곧 두 손 들고 말 것이다. 하지만 단계별로 중간중간 시간을 주기 때문에 응시자들은 지리를 익힐 수 있게 된다. 그런 간격이 있기 때문에 뇌가 과제의 양에 압도당하지 않고 노력을 쏟을 수 있다.

시험관인 프라이스는 이렇게 설명했다. "지식 시험은 커다란 물주전자, 응시자의 뇌는 컵이라고 생각하면 됩니다. 천천히 따르면 물을 흘리지 않습니다."

겉보기에 '지식'은 어렵기 짝이 없는 지리 시험일 따름이다. 하지만 택시 기사들은 이 시험을 단순한 지리 시험이 아니라 뭔가 대단한 것으로 간주한다. 시험 준비를 하는 과정에서 지리 이상의 것을 배우게 되기 때문이다. 우리도 문제만 뚫어지게 쳐다보지 않으면 우리가 할 수 있는 일을 깨닫게 될 것이다.

정신이 자유로운 시간이 필요하다

라이너스 폴링 Linus Pauling 은 유기화학 **및** 무기화학 **및** 양자역학 및 분자생물학 **및** 의학에만 기여한 게 아니었다. 그는 다른 누구도 보지 못했던 이 여러 분야들의 교차점을 보았고, 그 과정에서 우리가 아는 지식을 송두리째 바꾸어 놓았다.

폴링은 원자와 분자—모든 물질의 기본—의 화학결합의 본질을 밝혀내 1954년 노벨상을 받았다. 향후 몇 세대에 걸쳐 화학, 생물학, 물리학에 대한 지식의 근본을 형성한 연구였다.

폴링은 또 이론을 적용하는 과정에서 분자적 차원에서 질병의 기초를 규명해 낫적혈구빈혈 등 여러 질병의 치료에 결정적 계기를 마련했고, 노벨 화학상을 수상하고 8년 뒤에는 원자무기 확산을 막는 데 노력한 공로로 노벨 평화상을 받았다. 지금까지 단독 수상자로서 두 개의 노벨상을 받은 인물은 그가 유일하며, 과학 분야의 상과 평화상을 모두 수상한 인물도 폴링뿐이다.

어떻게 하면 폴링처럼 현대판 르네상스맨이 될 수 있을까?

다행히 그는 큰 생각big thoughts을 사고하고 큰 해답big answers을 찾는 과정에 관해 글을 쓰고 말하기를 좋아했다. 폴링에 밝힌 내용은 크게 세 가지다. 첫째, 단순히 최고의 생각들을 모으고 그 생각들이 최선의 답을 줄 거라고 가정하는 것으로는 돌파구를 열 수 없다. 그는 한 강연에서 자기보다 똑똑한 사람이 미국만 해도 20만 명 이상이라고 진지하게 말한 적이 있다. 하지만 그 20만 명은 화학이나 생물학의 전모를 바꾸거나, 벽난로 위를 노벨상으로 장식하지 못했다.

둘째, 위대한 과학적 진전은 만리장성을 쌓는 것과는 다르다. 전날까지 쌓은 것에 날마다 작은 부분을 더하는 방식으로는 안 된다. 과학적 진보는 급격하고 거대한 방향 전환 속에서 이루어진다. 한동안 쳇바퀴를 도는 듯 보이다가 새로운 발견과 함께 앞으로 홱 튀어 나가는 것이다.

세 번째이자 가장 중요한 것은, 어떤 분야에서든 중단 없이 매달려서는 뛰어난 통찰력을 얻을 수 없다는 것이다. 9시에도 10시에도, 오늘도 내일도 계속 같은 일을 하면 유사한 결과만 나오기 마련이다. 그런 방식은 야간 경비원처럼 지키고 서서 새로운 아이디어가 솟아날 구멍을 봉쇄한다. 특별한 성과를 내기 위해 애쓰는 이들에게 폴링이 '내려놓기'를 조언하는 이유도 여기에 있다.

폴링이 뛰어난 생각을 떠올린 곳은 실험실, 강의실, 도서관, 권위 있는 과학자들의 모임이 아니었다. 그가 위대한 아이디어를 떠올린 곳은 침대였다. 일에서, 세부사항에서, 복잡한 문제들에서 떨어져 있을 때였다. 침대에 누워 막 잠이 들려고 할 때 자유로워진 그의 정신은 새로운 아이디어를 떠올리고 새로운 해답을 모색했다.

여러 분야의 교차점에서 연구했던 폴링은 새로운 발견을 위해 아이디어와 법칙들을 결합시키는 방법은 무한하다고 믿었다. 대부분의 결합은—거의 전부가—전혀 쓸모없었다. 하지만 폴링은 정신이 매여 있지 않고 압박받지 않는다면 굳이 방향을 잡아 주지 않아도 여러 가능한 결합 방식들을 가려낼 거라고 믿었다. 그러다가 흥미로운 점이 발견되면 그제야 그 아이디어에 의식적인 관심을 쏟았다.

정신이 스스로 길을 찾도록 맡겨 두는 방식을 찬양했던 폴링은 정신을 자유롭게 하는 과정, 상상력이 극한까지 뻗어 가도록 하는 과정이 과학자에게도 중요하지만 "분야를 막론하고 모든 사람들"에게도 똑같이 중요하다고 강조했다. 시인이든, 판매원이든, 자동차 정비사든 마찬가지다. 한 가지만 골똘히 생각하지 않는 자유로운 정신은, 문제를 정면으로 응시할 때에 부딪히는 한계를 넘어설 수 있다.

폴링이 연구 중인 분야의 문제를 계속 밀쳐 내고 해답에 이를 수 있었던 것은 바로 이 자유 덕분이었다. 런던의 면허시험에 응시하는 택시기사들에게 과제를 순차적으로 수용할 시간이 필요한 것처럼, 폴링이 새로운 획기적인 생각에 도달하기 위해서는 정신이 자유로운 시간이 필요했다.

두 개의 마시멜로를 얻는 비결

당신은 작고 평범한 방으로 들어간다. 의자 하나, 탁자 하나, 벨 하나가 눈에 들어온다. '서프라이즈 룸 surprise room'이라는 이름 과는 어울리지 않는 것 같다.

한 남자가 당신 앞에 장난감들이 담긴 상자를 놓으면서 얼마든지 가지고 놀 수 있다고 한다. 그리고 간식을 먹겠는지 묻는다. 당신은 좋다고 한다. 그럴 수밖에. 왜냐하면 당신은 지금 네 살짜리 아이이기 때문이다.

유치원에서 만난 친절한 남자는 잠깐 나갔다 오겠다면서 만약 기다리기 싫으면 벨을 누르라고 말한다. 벨을 누르면 금방 돌아올 거라면서 남자는 당신에게 연습을 시킨다. 벨을 누르자 밖으로 나간 남자가 즉시 돌아온다. 같은 일이 세 번 반복된다.

그러더니 남자는 탁자 밑에서 접시를 하나 꺼내 올려놓는다. 접시에는 마시멜로가 있다. 남자가 말한다. "내가 돌아올 때까지 자리에서 일어나지 않고 가만히 앉아서 기다리면 마시멜로를 **두 개** 줄게. 그 전에라도 네가 벨을 누르면 나는 바로 돌아올 거야. 하지만 그때는 마시멜로를 **한 개**만 줄 거야."

남자는 같은 설명을 한 번 더 되풀이한 뒤 당신에게 묻는다. "가만히 기다리면 뭘 얻을 수 있다고 했지? 어떻게 하면 내가 바로 돌아온다고 했지? 네가 벨을 눌러 나를 부르면 마시멜로를 몇 개 준다고 했지?" 당신이 대답하자 남자는 맞다고 하면서 문을 열고 나간다.

이제 당신은 혼자 남았고, 눈앞에는 마시멜로 접시가 있다. 어떻게 할 것인가?

당신은 기다려야겠다고 마음먹는다. 마시멜로 두 개가 한 개보다 나으니까. 하지만 기다리는 건 너무 힘들다. 지금 마시멜로를 먹었으면 좋겠다. 지금 당장. 자연스레 벨로 눈길이 간다. 바로 앞에 있다. 벨만 누르면 기다림은 끝난다. 벨을 누르면 바로 마시멜로 한 개를 먹을 수 있다.

당신은 마시멜로를 쳐다보고 있는가? 입에 침이 고이나? 한 개먹으면 얼마나 좋을지 생각하는 중인가? 얼마나 맛있을까? 마시멜로를 혹시 슬쩍 만져 보고 있나? 쿡 찔러 보나? 아니면 집어 들었나?

당신은 아무 데도 갈 수 없다. 아무것도 할 수 없다. 의자에서 일어나지도 못한다. 그저 시간이 빨리 가기만 바랄 뿐이다. 당신은 발을 콩콩 굴러 보고 머리카락을 잡아당긴다. 말할 사람이 없으니 혼잣말이라도 할까? 노래를 흥얼거려 볼까?

시간은 더디게 흐른다. 당신은 계속 그 방에 있다. 아무도 없이 혼자서. 그리고 눈앞에 마시멜로와 벨이 있다. 벨을 누르고 싶다. 기다리는 건 지루하기 짝이 없다.

대부분의 아이들은 마시멜로의 유혹을 떨치지 못한다. 월터 미셸Walter Mischel 의 마시멜로 실험에서 네 살짜리 어린이들 중 70퍼센트는 끝까지 기다리지 못하고 두 번째 마시멜로를 포기했다.[1]

미셸은 마시멜로 실험을 여러 형태로 변형시켜 진행하면서, 성공적으로 기다리는 것의 핵심은 마시멜로를 정신적으로 밀쳐 두는 것이란 사실을 발견했다.

마시멜로를 쳐다보면서 먹고 싶어 침을 흘리는 것은 파멸적인 전략이었다. ABC 노래를 부르거나, 카우보이 흉내를 내거나, 여하튼 딴짓을 하는 게 말랑말랑한 마시멜로의 유혹을 떨쳐 내는 데 도움이 되었다.

미셸의 관찰에 따르면, 아주 빨리 벨을 누른 아이들은 잠시도 마시멜로에서 눈을 떼지 않았다. 반면 오래 버틴 아이들은 "지연된 시간 동안 관심과 생각을 의식적으로 보상물에서 다른 곳으로 돌려 좌절감을 줄였다." 다시 말해 그 아이들은 문제에 초점을 맞추지 않았다.

그는 새로운 집단을 대상으로 실험을 하면서 이 결론을 검증했다. 연구원이 방을 나서기 전에 한 가지 지시를 더 하도록 한 것이다. 연구원은 한 집단의 아이들에게는 대상을 변형시키라는 아이디어를 주었다. "저 마시멜로가 구름이나 달이라고 생각해 보렴. 구름을 갖고 논다고 상상해 봐." 다른 집단에게는 문을 열고 나가기 전에 이렇게 말했다. "마시멜로가 어떤 맛일지 생각해 봐. 얼마나 부드럽고 끈적끈적할까? 먹으면 얼마나 기분이 좋을까?"

구름 집단의 아이들이 벨을 누르는 데 걸린 시간은 평균 13.5분이었다. 부드럽고 달콤한 맛을 상상한 아이들은 평균 5.6분을 버텼다.[2]

달고 끈적거리는 맛을 상상한 아이들은 문제에 초점을 맞췄고, 문제는 재빨리 그들을 삼켰다. 구름 집단의 아이들에게는 문제에 관해 생각하지 않는 방법이 제시되었다. 문제와 단절하는 방식이 주어지자 아이들은 문제로부터 자유로워졌다.

문제에 끈질긴 관심을 쏟는 것과, 문제로부터 눈길을 돌리는 것은 이렇게 다르다. 문제에 대한 집중력을 흩뜨리면 참을성이 생기고 자유로워져서 해답을 찾을 준비가 된다. 문제에 직접적으로 온 신경을 집중하면 문제의 힘이 압도적으로 강해져서 해결 불가능한 것이 된다.

마시멜로 실험에서든 다른 결정을 할 때든 좋은 결과를 거두려면 즉각적인 만족감을 자발적으로 보류해야 한다. 물론 덤벼드는 것이 아무래도 꾸물거리는 것보다는 훨씬 기분이 좋은 법이다. 하지만 덤벼드는 것은 우리를 취약하게 만든다. 마시멜로의 유혹을 떨쳐 버릴 길이 없고, 문제의 덫을 피할 방법이 없다.

미셸은 아이들과 마시멜로 실험에서 얻을 수 있는 건 모두 얻었다고 생각했다. 하지만 시간이 흐른 뒤 우연히 어떤 패턴을 발견하고 충격을 받았다. 딸들의 고등학교 친구들—10년 전 그가 실험을 진행했던 유치원에 다녔던 아이들—과 이야기를 나눠 보았더니, 마시멜로 실험에서의 선택과 10년 뒤의 모습이 연관성이 있었던 것이다. 마시멜로를 두 개 얻기 위해 참고 기다렸던 아이들은 학교생활을 훨씬 더 잘하는 것 같았다.

전면적인 추적조사를 한 결과 그의 관찰이 맞았다. 기다렸던 아이들은 바로 벨을 울린 아이들에 비해 더 유연했고, 스트레스에 더 잘 대처했고, 더 자신감이 있었고, 계획을 세우고 실천하는 면에서도 나았다. 유치원 때 그랬듯 자기가 원하는 것을 얻고 있었고, 여전히 참을성과 끈기를 발휘했다.

이때만 해도 미셸이 사용한 기준은 다소 주관적이었으나 SAT 점수를 확인했더니 객관적인 데이터가 나왔다. 쉽게 포기했던 아이들과 두 번째 마시멜로를 얻으려고 기다렸던 아이들은 SAT에서 최대 210점까지 차이가 났다. 이 정도 차이는 예일 대학과 빙엄턴 대학의 진학 성적 격차에 해당한다.

유치원 때 패턴은 사춘기를 지나 성인기에도 지속되었다. 벨을 누르지 않고 두 개의 마시멜로를 얻었던 아이들은 성인이 되어서도 건강한 삶을 살았고, 범죄를 저지르는 확률이 낮았고, 소득과 자아존중감이 더 높았고, 인생의 위기에 대한 대처능력이 전반적으로 높았다.[3]

라이너스 폴링, 런던의 택시기사들처럼 마시멜로 실험에 참가했던 아이들도 약간의 참을성과 문제로부터 시선을 돌리는 능력 덕분에 정신이 자유롭게 해결책을 찾도록 할 수 있었다.

다른 누군가가 되어 판을 보라

바네사 셀브스트Vanessa Selbst는 포커 역사상 가장 성공한 여성이다. 굳이 여성에 한정하지 않더라도 뛰어난 실력으로 널리 존경받는 포커 선수다. 포커를 좋아하는 유명 테니스 선수 라파엘 나달이 일류 포커 선수에게 시범경기를 청했을 때 겨룬 상대가 셀브스트였다. 그녀는 힘들이지 않고 나달을 꺾었다.

셀브스트는 남다른 숫자 감각, 칩 전체를 테이블 중앙으로 밀면서 승부를 거는 두둑한 배짱으로 정상에 올랐다. 그녀는 패가 나쁠 때도 베팅 그 자체를 즐긴다.

그녀가 포커에 대한 열정과 특유의 경기 방법을 발전시킨 것은 대학생 때였다. 그 무렵 ESPN을 비롯한 채널들에서 갑자기 포커 게임 중계가 홍수를 이뤘고, 그녀는 TV를 보며 포커에 빠져들었다. 난데없이 나타난 무명 선수가 주요 게임에서 승리를 거둬 수백만 달러를 챙긴다는 게 더없이 흥미로웠다.

그녀는 중계를 시청하면서 게임 전체를 보는 안목을 키웠다. 시청자는 게임 당사자들과는 달리 다른 사람들이 손에 쥔 카드를 볼 수 있으므로 각 선수들이 생각하는 방식 및 그들이 어우러져 만드는 전체적인 리듬을 파악할 수 있었다. 게임 당사자들보다 관전자들이 진행 상황을 더 잘 볼 수 있는 경쟁은 포커밖에 없었고, 따라서 관전자는 단순히 게임을 지켜보는 것만으로도 출전한 선수를 이기는 방법을 효과적으로 훈련할 수 있었다.

물론 대부분의 게임에서는 별다른 이변이 일어나지 않았다. 좋은 패를 가진 선수는 크게 베팅을 하고, 패가 나쁜 선수는 금방 포기했다. 하지만 나쁜 패를 들고도 판세를 바꾸는 선수들이 간혹 있었고, 셀브스트는 그런 경우에 흥미를 느꼈다. 그녀는 간신히 버티던 선수가 형편없는 패에도 불구하고 가진 칩을 전부 베팅해 반격에 성공하고, 경쟁 상대들—더 좋은 패를 들고 칩도 더 많은—은 겁을 먹고 움츠리는 장면을 보았다. 경쟁자들은 꽁무니를 뺐고, 형편없는 패를 든 선수는 베팅된 칩들을 싹쓸이했다. 그런 트릭으로 세 번 성공을 거두더니 그 선수는 의기양양하게 대회 우승을 차지했다.

셀브스트는 포커가 수학과 심리학의 교차점에 있는 게임이라는 점이 좋았다. 포커를 할 때는 시나리오별 승산을 알아야 한다. 지금 에이스나 클럽, 또는 페어가 들어올 확률이 얼마나 되는가? 확률 예상뿐 아니라 인간 행동에 대한 이해도 필요하다. 내 행동에 상대가 어떻게 반응할지 예측할 수 있다면 특정 카드를 가진 것처럼 가장해 게임을 지배할 수 있다.

포커는 실제로 가진 패가 아니라 다른 사람들이 내가 가졌다고 생각하는 패로 다투는 게임이다. 따라서 셀브스트가 보기에, 포커에서 이기는 유일한 방법은 공격을 취하는 것이다. 그녀는 "공격적인 선수가 패를 규정합니다. 다른 사람들은 거기에 대응하는 입장이 되므로 수세에 몰리지요"라고 말했다.

대응하는 입장에 선다는 건 약점을 드러낸다는 뜻이다. 게임이 공격적인 선수에 의해 규정될뿐더러 공세를 취한 선수는 상대가 가진 패를 보다 쉽게 읽을 수 있기 때문이다.

공격적인 성향을 가진 상대와 맞붙을 때면 셀브스트는 더욱 공격적으로 나간다. 상대가 베팅 액수를 올리면—공격적인 움직임이다—몇 배를 더 올린다. "그렇게 하면 상대는 제게 특정한 방식을 취할 수밖에 없죠. 제가 정말로 가진 게 무엇인지 모르기 때문에 재차 올리진 않습니다. 몹시 괴로운 입장이 되는 건데, 그게 바로 제가 상대를 몰아넣으려 했던 지점이죠."

전략을 갈고닦는 한편으로 셀브스트는 경쟁에 관해, 스스로에 관해서도 열심히 공부했다. 그러다 포커 선수들은 승패를 가르는 중요한 순간이 되면 상대방도 자기처럼 반응할 거라고 가정한다는 사실을 깨달았다. 그녀 자신도 예외는 아니었다.

"제 약점 중 하나는 다른 선수들도 저처럼 말도 안 되는 짓을 할 거라고 생각한다는 거예요. 상대가 에이스 페어를 쥐었을 확률이 95퍼센트이고 저는 허세를 부리고 있다고 쳐요. 제일 먼저 드는 생각은 남들도 저처럼 허세를 부린다는 거예요. 왜냐면 제가 그렇게 하고 있으니까요."

셀브스트는 상대의 의중을 읽을 때 반 박자 쉬는 것으로 그런 반사적인 반응을 극복하려고 훈련했다. 의자에서 몸을 일으켜 상대방의 자리에 앉아 판을 바라보는 모습을 상상했다. 그렇게 잠깐 자기 패에서 눈을 돌리려면—충동을 억누르고 다른 것을 보려면—참을성이 필요했지만 바로 그것이 평범한 포커 선수와 비범한 선수의 차이를 낳았다. "자신과 겨루는 것처럼 해서는 게임을 할 수가 없어요. 제가 보는 방식이 아니라 다른 누군가가 되어 판을 바라보아야 합니다. 다른 사람들은 그걸 아주 못하거든요. 제게는 큰 이점이죠."

노력 대신 멈추기

"행복하고 건강한 어린 시절은 아니었지요." 윌은 선뜻 인정했다.

윌과 그의 누이 킴은 공격적이고 분노에 찬 어머니 밑에서 자랐다. 냉담한 아버지는 대부분 집 밖에서 시간을 보냈고 얼굴도 보기 어려웠다.

"실제로 무슨 짓을 했느냐는 상관없었습니다. 어쨌든 야단을 맞게 되어 있었으니까요. 학교에서 좋은 점수를 받아 왔다고 쳐요. 그러면 어머니는 '그래서? 네가 나보다 잘났다고 생각하는 모양이지?'라는 말로 시작했죠. 점수가 나쁘면 '내가 항상 말했지. 넌 게을러터진 새끼라고. 절대 뭘 잘할 수 없다고 말야'라고 시동을 걸었습니다."

유년기에 윌과 킴은 있는 대로 기를 죽이는 비난에 시달렸고, 육체적 애정을 전혀 받지 못해 고통과 혼란 속에 놓여 있었다. 조금 자라서는 어머니의 관심권에서 벗어나 있으려고 애썼고, 다음 날 밖으로 나갈 때까지 집에서의 생활을 참고 견딜 수 있기만 바랐다.

그런 삶을 들키고 싶지 않았던 월은 학교 친구들과도 거리를 두었다. "누가 불쑥 집으로 찾아오는 일이 생길까 봐 친구를 만들지 않았어요. 어머니에게 얻어맞는 꼴을 보이기 싫었으니까요."

다행히도 월과 킴에게는 서로가 있었다. 서로의 아픔에 귀를 기울이고, 기대어 울 어깨를 빌려주고, 서로의 옹호자이자 공동 음모자가 되어 주었다. 월은 "우리는 함께 살아남았습니다. 앞으로 영원히 가깝게 지낼 거라고, 정말 그렇게 생각했어요"라고 말했다.

하지만 어머니에게서 벗어난 뒤 둘 사이에는 거리가 생겼다. "서로의 얼굴을 보면 과거가 떠올랐던 것 같아요. 우리가 어떻게 살았고, 무엇으로부터 도망치려 했던 것인지." 두 사람은 예의를 지키며 정중하게 행동했지만 상대를 소중한 형제가 아니라 동료처럼 대했다.

살가운 것은 아니었지만, 성인이 된 이후로 둘의 관계는 20년 동안 그럭저럭 이어졌다. 하지만 아버지를 돌보는 문제를 두고 결정적으로 틈이 벌어졌다.

어머니가 세상을 떠난 뒤 아버지는 휑뎅그렁한 옛집에서 몇 년을 보냈는데, 점차 혼자 지내기 힘든 처지가 되었다. 장을 보고, 식사를 준비하고, 청소하고, 제때 약을 챙겨 먹는 데 도움이 필요해졌다.

"아버지에게 어떻게 해야 할지, 누가 무엇을 해야 할 것인지를 두고 의견이 엇갈렸습니다." 월은 말했다. "스트레스가 심한 상황이었죠. 우리가 그 집으로 돌아간 것은 도움이 되지 않았습니다. 과거의 기억이 일시에 되살아났기 때문이죠. 그런데다 우리를 위해 아무것도 해 주지 않고 손 놓고 있었던 사람을 돌보아야 했습니다. 그런 사람을 돕기 위해 우리의 삶을 통째로 바꿔야 하다니요."

두 사람은 쌓인 분노를 아버지에게 퍼부을 용기가 없었다. 어머니에게도 그렇게 하지 못했었다. 월과 킴이 분노를 퍼부을 수 있는 유일한 대상은 상대방뿐이었다. 그들은 하루 일과와 끝내지 않은 집안일을 두고 말다툼을 벌였다. 심지어는 아버지가 곁에 있는데 쾌활한 모습을 보이지 않았다는 걸로도 싸웠다. 월이 어떤 물건을 치우면, 킴은 그걸 찾다가 짜증을 내며 왜 그렇게 생각이 없느냐고 매몰차게 쏘아붙였다.

"그런 사소한 일들이 점점 확대되면서 서로 못 견딜 상황이 되었습니다. 마침내 우리는 술집에서 싸우는 주정뱅이들처럼 서로 악을 쓰게 되었어요." 월은 아이러니를 느꼈다. "어릴 때 우리는 애어른이 돼야만 했어요. 그런데 정작 성인이 되어서는 아이들처럼 행동하고 있었습니다."

결국 두 사람은 말을 섞지 않게 되었다. 하지만 누이와의 전쟁에서 오는 고통은 날마다 월을 괴롭혔다. "어렸을 때의 그 모든 순간들을 떠올렸지요. 킴 방의 책상 밑에 같이 웅크리고 앉아 엄마가 또 한바탕하는 걸 숨죽이며 기다리던 순간들을요. 킴은 저를 향해 웃어 주고, 안아 주고, 용기를 준 사람이었어요. 그랬던 킴하고 날씨에 관한 얘기조차 나누지 않게 된 겁니다."

월은 관계 회복을 위한 방법을 찾으려 애썼다. 월의 아내와 킴의 남편이 중재자로 나섰다. 하지만 옛집과 옛 상처 속을 드나들다 보니 어렸을 때와 같은 눈으로 서로를 볼 수 없었다.

관계 회복이 물 건너 간 것처럼 보였을 때 변수가 생겼다. 월이 직장 일 때문에 아버지를 돌보지 못하게 된 것이다. 아버지를 온전히 킴에게만 맡기면 관계가 더욱 악화될 것 같아 월은 걱정이 이만저만 아니었다.

그런데 떨어져 지내는 시간이 그들에게는 치유의 시간이 되었다. 몇 주 뒤 킴은 월을 자기 집으로 초대했다. 싸우기 전에도 월은 누이의 집을 방문하는 일이 드물었기에 이례적인 일이었다. 킴이 월에게 말했다. "엄마가 지금 우리를 본다면 그러겠지. '너희들에 대해 내가 한 말이 맞았지?'라고. 그런 건 절대 사절이야." 웃으며 포옹하는 순간, 둘 사이의 감정은 완전히 달라졌다.

잠깐 한숨 돌림으로써 바네사 셀브스트가 상대방의 의중을 더 잘 읽는 것처럼, 월과 킴은 떨어져 있는 시간을 가진 덕분에 눈앞의 문제를 밀쳐 낼 수 있었다.

"그 안에 놓여 있을 때는 그렇게 행동하는 걸 멈출 수가 없었습니다." 윌은 말했다. "그저 모든 것을 멈추기만 해도 더 나은 상황을 만들 수 있어요."

핵심 정리

우리의 뇌는—시간과 공간이 주어지면—눈앞의 문제를 무시해 버릴 수 있다. 상처받은 관계를 회복하고, 포커에서 상대를 꺾고, 분자들의 미스터리를 풀 수 있다. 런던 택시기사들의 경우를 봐도 우리의 뇌는—시간과 공간이 주어지면—스스로를 변형해 어떤 시험이라도 통과할 수 있다.

우리의 뇌는 눈앞의 달콤한 마시멜로가 아니라 그 너머의 것들을 보게 해서 우리 삶을 변화시킬 수 있다. **눈앞에 놓인 문제로부터 눈길을 돌릴 수 있었던 아이들은 그렇지 못했던 아이들보다 SAT 점수가 최대 210점이나 더 높았고, 성인이 되어서도 더 성공적이고 평탄한 삶을 살았다.**

문제에 뛰어들지 말고 한 걸음 물러서서 주위를 둘러보라. 이는 마치 케이크 재료들을 하나씩 먹는 것이 아니라 케이크를 굽는 것과 같다. 시간은 더 걸리겠지만 더 근사한 것을 얻게 된다.

멀리 보려면

바이올린을 배워라 경영학자 피터 드러커는 기업 경영을 준비하는 최선의 방식에 관해 인상적이고 놀라운 조언을 했다. "바이올린을 배워라." 여러 주제들을 넘나들며 사고하면서 시야를 넓혀야 한다는 뜻이었다. 무언가를 볼 때는 여러 관점에서 접근하고, 다양한 조각들을 맞춰 볼 시간을 가져야 한다. 그러려면 언뜻 별개의 것으로 보이는 역량을 키울 필요가 있다. 직업이나 가정사와는 전혀 관계없는 무언가를 바로 오늘부터 배워라. 그러면 당신에게 가장 소중한 것들에 관해 아주 중요한 어떤 것을 배우게 될 것이다.

좁은 방에서 나와라 사람들을 실제로 상자 속에 집어넣고 창의성이 필요한 단어 과제를 수행하도록 한 실험이 있었다. 동시에 비교집단에게는 똑같은 과제를 상자 밖에서 수행하도록 했다. 그랬더니 상자 밖 집단이 20퍼센트 더 높은 점수를 기록했다.[4] 제한된 공간에서 벗어나라. 좁은 방, 주방 탁자, 자동차 등 당신이 문제를 응시하고 있는 그 공간에서 나와라. 툭 트인 곳―바깥, 넓은 방, 커다란 창문 옆으로 가라. 갇혀 있으면 아이디어도 갇힌다.

반대쪽을 용인하라

최고의 야구팀을 만들려면 어떻게 해야 될까? 최고의 선수들을 뽑으면 될까? 그런데 연봉이 아주 높은 선수들—감독과 구단주 들로부터 최고의 야구선수로 인정받은 이들—로만 팀을 구성한 뒤 그들의 기록을 살펴보면 깜짝 놀라게 될 것이다. 2013년의 경우, 메이저리그의 연봉 톱4 선수 중 3명은—솔직히 말해—전혀 밥값을 하지 못했다.

세 선수의 기록은 너무 미미해서 마이너리그의 평균에 해당하는 선수의 기록과 비슷했다. 그 정도 급의 마이너리그 선수가 받는 연봉은 세 선수의 63분의 1에 불과한데도 말이다. 언뜻 드는 생각과는 달리, 최고의 팀을 만들려면 흔히 최고로 간주되는 선수들을 배제하는 게 훨씬 낫다.

어떤 문제 때문에 쩔쩔매고 있다면, 도저히 해결할 수 없는 문제라는 생각만 머릿속에 떠오르는 상태라면 반대쪽을 향해 마음을 열어야 한다. 상황을 거꾸로 뒤집어 보라. 명백히 부정적인 것이 사실은 긍정적인 것일 가능성을 고려하라. 역 逆 속에서 우리는 창의적인 자아를 발견할 수 있다.

한여름에 크리스마스 생각하기

무더운 날씨였다. 에어컨이 흔치 않았던 시절, 캘리포니아의 7월은 찌는 듯이 더웠다. 동료가 도착하자 밥 웰스가 처음 건넨 말도 그거였다. "너무 더워. 수영장에 뛰어들기도 하고 찬물로 샤워도 했어. 생각나는 건 전부 해 봤는데도 아무 소용이 없어."

멜 토메는 땀을 뻘뻘 흘리며 잠자코 고개를 끄덕였다. 두 사람은 톨루카 호수에 있는 웰스의 집에서 함께 작업을 하고 있었다. 토메 생각에는 그 골짜기의 기온이 캘리포니아 남부의 다른 지역보다 10도 이상 높은 것 같았다.

웰스는 토메에게 종이 한 장을 건네면서 더위를 잊으려고 시도해 본 거라고 말했다. "앉아서 시험 삼아 몇 줄 써 봤어. 겨울 장면을 떠올리면 좀 나아지려나 싶어서."

웰스는 남부 캘리포니아의 겨울 정도로는 성에 차지 않아 동부 뉴욕의 진짜 겨울을 다시 겪는 상상을 했다.

토메는 종이에 적힌 것을 보았다. '불 속에서 군밤이 익어 가고, 동장군은 코를 쥐어뜯어요. 합창단은 크리스마스 캐럴을 부르고, 사람들은 에스키모처럼 몸을 꽁꽁 싸고 있어요.'

웰스는 자기 머릿속에 간직된 겨울은 크리스마스 이미지뿐이며, 더위를 식히려고 되는 대로 휘갈겨 본 거라고 겸연쩍게 말했다. 토메의 생각은 달랐다. 노래를 만들기에 좋은 소재였다. 매달 새로운 곡을 만들기로 계약한 상태였던 두 사람은 시간을 낭비하지 않고 바로 작업에 착수했다. 토메는 피아노 앞에 앉아 생각나는 대로 건반을 눌러 보며 멜로디와 화음을 시험했다. 그러는 동안 웰스는 나머지 가사를 쓰기 시작했다.

두 사람은 7월의 무더위 속에서 땀을 뻘뻘 흘리며 겨울 풍경을 상상했고, 40분 만에 〈크리스마스 노래The Christmas song〉를 만들었다. 그들은 그 곡을 제일 먼저 냇 킹 콜에게 가져갔다. 토메가 연주하는 곡을 들은 콜은 열광하면서 반드시 자기가 제일 먼저 녹음할 거라고 주장했다. "내 노래야. 알겠어? 이건 내 노래라고."

음반사 대표는 "딱 하루를 위한 노래"라면서 "일 년 중에 하루만 좋은 노래를 그 누구도 구입하지 않을 것"이라고 반대했다. 하지만 콜의 열정을 꺾을 수는 없었다.

콜은 1946년에 그 곡을 처음 녹음했고, 이어 오케스트라 반주로 1953년에 다시 녹음했다. 그것이 우리가 알고 있는 〈크리스마스 노래〉의 표준 버전이다. 콜은 그 노래로 엄청난 히트를 쳤고,

곡을 만든 토메와 웰스도 마찬가지였다. 세월이 흐르면서 그 곡은 크리스마스 노래 중 가장 많은 가수들이 녹음하고 가장 자주 부르는 노래가 되었고, 일종의 크리스마스 관습으로 자리 잡았다.

토메와 웰스가 크리스마스의 소박한 기쁨을 불러일으킬 수 있었던 비결은 무엇일까? 듣기만 해도 크리스마스 기분에 젖어드는 노래를 어떻게 만들 수 있었을까? 웰스는 세월이 지나도 그 노래의 호소력이 여전한 것은 7월에 썼기 때문이라고 밝혔다.

"저희가 12월에 크리스마스 노래를 만들었다면 특별한 점이 전혀 없었을 겁니다. 크리스마스에, 크리스마스 곡들에, 크리스마스 가사들에, 크리스마스의 혼란에 둘러싸여 있었을 테니까요. 마법 같은 특별한 무언가가 존재하지 않았겠죠. 그 순간이 틀에 박힌 것으로 느껴졌을 테니 틀에 박힌 노래가 나왔겠죠."

웰스는 어떤 것을 가까이에서 보는 것과 있는 그대로 보는 것 사이에는 차이가 있다고 말했다. "산속에 있으면서 산에 관해 쓸 수는 없어요. 그러면 사람들의 정서와는 동떨어진 것이 되고 맙니다."

크리스마스가 꿈이었던 무더운 7월에 썼기 때문에, "그때 크리스마스를 생각하며 느낀 감정이 고스란히 담겼기 때문에 그 곡은 크리스마스를 정말로 축하하는 곡"이라고 웰스는 말했다.

마약을 허용해 마약 사용을 줄이다

마약은 사람을 망가뜨리고, 가족, 공동체, 심지어는 국가 전체를 파괴할 수 있는 골칫거리다. 마약과 싸우려면 어떻게 해야 할까?

모든 수단을 동원해 공격하는 방법이 떠오른다. 경찰력을 동원해 사용자들을 체포하고, 마약 사범들을 감옥에 집어넣는 것이다. 그런데 그래도 마약 문제가 사라지지 않는다. 오히려 악화될 뿐이다. 어떻게 하면 좋을까?

공격 강도를 높여 보자. 경찰력을 늘리고, 체포 건수를 늘리고, 형량을 높이자. 이런 조치들을 취하려면 비용이 어마어마하게 든다. 돈과 인력을 쏟아부어야 한다. 실제로 현재 미국의 모든 주들은 대학보다 감옥에 더 많은 돈을 쓰고 있다. 명백한 적이 있다면 모든 수단을 동원해 싸워야 하니까.

그래도 문제가 사라지지 않는다면? 오히려 점점 악화된다면? 이제 무엇을 해야 할까? 대부분의 국가들에게 답은 명확하다. 더 힘껏 싸우는 것이다.

하지만 누구나 문제를 그런 식으로 보는 건 아니다. 포르투갈 정부의 마약방지팀을 이끄는 주앙 골랑João Goulão 의사는 "지금까지의 방식으로 효과를 거두지 못했는데 왜 계속해야 하죠?"라고 반문하면서, 같은 일을 되풀이하면서 다른 결과를 기대하는 것은 정신이상 증세 중 하나라고 꼬집었다.

골랑을 비롯한 포르투갈 정부 지도자들은 전투에서 패배하는 전략을 고집하면서 거기에 힘을 점점 더 많이 쏟는 데 반대했다. 웰스와 멜 토메가 7월의 쨍쨍한 햇볕 속에서 다른 시선으로 크리스마스를 본 것처럼, 골랑과 그의 동료들은 마약과의 전쟁을 정반대 방향에서 추진하려 했다. 단속을 강화하고 형량을 늘리는 것이 아니라 마약 소지를 범죄로 처벌하지 말자는 것이었다. "그건 두통을 없애려고 망치로 머리를 두드리는 것과 같습니다. 그 방법이 먹히지 않는다고 더 큰 망치를 쓰는 게 답은 아니죠"라고 골랑은 말했다.

뭐라고? 비범죄화라고? 비판자들은 일제히 목소리를 높였다. 그러면 이미 대재앙 수준인 마약이 온 나라를 집어삼켜 도저히 살 수 없는 곳이 되고 말 텐데? 잘못된 것을 없애기는커녕 승인하려 하다니!

골랑은 답을 갖고 있었다. 목표는 체포와 처벌이 아니었다. 처음부터 일관된 목표는 마약 사용을 줄이는 것이었다. 그는 마약 소지를 범죄로 처벌하지 않는다면 국가는 거기에 투입했던 자원을 치료 쪽으로 돌릴 수 있다고 주장했다. 뿐만 아니라 마약에서 헤어나고 싶은 사람들이 처벌을 두려워해 그늘에 숨을 필요도 없었다.

그로부터 10년 뒤, 포르투갈의 마약 관련 통계치는 엄청난 변화를 보였다. 마약 과용으로 인한 사망자가 27퍼센트 줄었고, 마약 사용으로 인한 인간면역결핍 바이러스HIV 발병 건수는 71퍼센트 감소했다. 전체적인 마약 사용도 50퍼센트 줄었다. 현재 포르투갈은 유럽에서 마약 사용률이 가장 낮은 나라다. 미국인의 마약 사용률과 비교하면 4분의 1에 불과하다. 골랑은 "포르투갈에서는 중독 현상이 명백히 낮아지고 있다"고 밝혔고, 다른 모든 조사에서도 같은 결론이 나왔다.

골랑은 이를 개인이 아닌 가족 차원의 승리로 받아들인다. "마약 사용자의 감소가 포르투갈의 가족들에게 뜻하는 바는 아무리 높이 평가해도 지나치지 않습니다. 마약을 사용하지 않기 때문에, 감옥에 갇혀 있지 않기 때문에 자녀들을 부양할 수 있는 어머니와 아버지들을 생각해 보세요. 덕분에 우리 사회는 한결 강해졌습니다."

현재 마약 비범죄화 정책을 쓰는 나라는 20개국을 웃돈다. 포르투갈에 비해 훨씬 제한적인 형태지만, 어쨌거나 마약 비범죄화 국가 중 그 정책 탓에 마약 사용이 증가한 국가는 없다.

골랑은 마약 정책을 거꾸로 뒤집은 비전과 용기를 칭찬하는 말에 대해서도, 예전에 비판자들을 무시했듯, 그저 어깨를 으쓱할 따름이다. "저는 의사입니다. 제게 성공이란 얼마나 열심히 일했나, 환자에게 얼마나 많은 치료법을 시도했나 하는 게 아니에요. 제게 성공은 건강을 되찾은 환자입니다. 마약 사용을 그런 방식으로 보면, 중요한 건 무엇을 했는지가 아니라 어떻게 되었는가

하는 것입니다. 우리가 어떻게 되었나요? 더 건강한 나라가 되었습니다."

창의적인 사람들의 특징

연구원은 단어 목록을 갖고 있고 당신에게 한 단어씩 읊어 줄 것이다. 당신은 단어를 들을 때마다 머릿속에 떠오른 단어를 얘기하면 된다.

정답과 오답이 있는 건 절대 아니다. 중요한 건 가장 먼저 생각한 단어를 말하는 것이다. 머릿속에 떠오른 순간 바로 말하면 된다. 다시 강조하지만 당락이 있는 시험이 아니다. 선을 긋지 말고 생각이 흘러가는 대로 내버려 두라. 자체 검열을 하면 안 된다.

자, 이제 단어들이 제시될 것이다. 단어들을 보자마자 당신의 머릿속에 떠오르는 단어는 무엇인가?

어둡다.

부드럽다.

매끈하다.

느리다.

아름답다.

높다.

골칫거리.

단단하다.

정의.

빛.

자유롭다.

맛이 쓰다.

길다.

기쁨.

조용하다.

목록에는 85개의 단어가 더 나열되어 있다.

오랫동안 심리학자들은 단어 연상반응을 통해 성격과 성향에 대한 단서를 찾으려 했다. 하지만 앨버트 로젠버그Albert Rothenberg 이후에야 단어 연상검사는 창의력 및 해답을 찾는 능력을 재는 신뢰할 만한 방법으로 인정받게 되었다.

로젠버그 이전의 연구자들은 이례적인 반응을 보인 횟수를 세었고, 특이한 단어를 선택하는 것이 창의력과 관련이 있다는 이론을 제시했다. 하지만 이례적인 반응은 응답자의 독창성보다는 어휘력을 측정하는 데 더 유효한 것으로 밝혀졌다.

로젠버그는 모순적인 개념, 아이디어, 이미지를 상상하는 능력이 창의적인 응답으로 이어진다는 이론을 발전시켰다. 대립하는 관점을 동시에 보유한다는 것은 상황을 다양한 각도에서 보는 능력이 있다는 뜻이다. 그런 다양한 시각은 독특하고 놀라운 해결책 발견으로 이어질 가능성을 극적으로 증가시킨다.

로젠버그는 단어 연상검사에서 주어진 단어에 반대말을 자주 댈수록 응답자의 창의력이 풍부할 가능성이 높다고 믿었다. 그는 정기적으로 창의적인 작업을 하는 사람들과, 그렇지 않은 사람들의 응답을 비교해 이런 가설을 검증했다. 창의적인 집단은 비창의적인 집단에 비해 반대말로 응답하는 비율이 25퍼센트 높았고, 반응 시간도 12퍼센트 더 빨랐다.[1]

로젠버그는 이 실험을 계속 반복하면서, 예술 분야뿐 아니라 사업에서 창의적인 리더십을 발휘하는 인물들도 비교집단으로 삼았다. 모든 경우에서 창의적 집단이 반의어를 더 많이 연상한다는 한결같은 결과가 나왔다.[2] 열 명 남짓한 노벨상 수상자들에게도 같은 검사를 시행했는데, 그가 검사한 모든 집단을 통틀어 이들이 가장 짧은 시간 안에 가장 많은 반의어를 댄 것으로 나타났다.

로젠버그는 창의적인 사람들이 반대말을 댈 때의 속도가 극히 빠른 점으로 미루어 보아 반대말을 즉각 떠올렸다고밖에 볼 수 없다고 밝혔다. 이는 그들이 단어를 자연스럽게 반대말과 결부시켜 분류한다는 것, 곧 반대되는 개념을 짝을 지워 나란히 머릿속에 보유하고 있다는 뜻이다.

소설가, 시인 등 작가들을 인터뷰한 로젠버그는 그들이 대립하는 전제들을 사고의 중심부에 보유하고 있다는 사실에 깊은 인상을 받았다. 그들은 추상적이고, 구체적인 관념을 동시에 사용했다. 한 사람 안에 선악이 공존하고 있다고 믿었고, 관념의 갈등을 용인함으로써 새롭고 더 나은 무언가를 발견하는 길로 나아갔다. 로젠버그에 따르면, 놀랍고 독특한 글쓰기를 할 수 있는 작가들의 능력은 대립되는 신념에 똑같은 가치를 부여하는 데서 유래한다.

로젠버그의 연구 결과 중 반대개념 사용이나 창의력은 지능과 관련이 없다는 사실도 주목할 만하다. 그는 단어연상 검사를 받은 사람들에게 별도의 지능지수 검사를 시행했는데, 지능지수는 반대개념 사용이나 창의력과 전혀 관계가 없는 것으로 나타났다. 학생들의 경우엔 SAT 점수와의 상관관계를 따졌는데 고득점 역시 창의력과 무관한 것으로 나타났다.

우리는 특별한 사람들만 창의적인 해답을 찾을 수 있다고 생각하기 쉽다. 그렇지 않다. 누구나 창의적이 될 수 있으며, 어떤 것이든 해답을 찾을 수 있다. 우리 자신에게 창의성을, 해답 찾기를 허용하기만 하면 된다. 처음에 제시한 단어들에서 당신은 몇 개나 반의어를 낼 수 있었는가? 7개 이상이면 로젠버그가 말하는 창의적 집단에 속한다. 하지만 당신이 반대말을 몇 개 떠올렸는지는 중요하지 않다. 계속해서 반대 관념에 마음을 열어야 한다는 점이 중요하다. 마음을 열고 바로 눈앞에 놓인 것을 밀쳐 낼 때 답이 보일 것이다.

문제에 직면했을 때 대개 그 문제는 우리 앞에 툭 떨어져서는 처다보라고 아우성을 친다. 하지만 정신이 반대 관념을 향해 열려 있다면, 문제에만 매몰되지 않을 수 있으며 그 문제를 해결할 수 있다는 믿음도 유지할 수 있다. 그래야 눈앞의 문제를 보는 동시에 그 주변도 둘러보면서 다른 것으로는 무엇이 있는지 볼 수 있다. 실제로 로젠버그는 더 많은 반대 관념을 용인할수록 창의적이고 독창적인 생각을 더 많이 할 수 있다는 사실을 발견했다. 달리 표현하면 문제를 무시하는 능력이 클수록 해답을 발견할 가능성이 높아진다는 뜻이다.

이길 수 없는 싸움에서 이기는 전략

광고인 빌 힐스먼Bill Hillsman은 미국 상원의원 선거에 출마한 폴 웰스톤Paul Wellstone으로부터 방송광고 제작을 의뢰받았다. 당시 웰스톤은 자금이 없는 데다 지명도도 낮았고 여론조사에서는 30퍼센트포인트 이상 뒤져 있었다. 한마디로 희망이 없는 상태였다. 하지만 도전을 즐겼던 힐스먼은 선뜻 수락했다.

웰스톤 선거운동본부의 전문가들은 자금의 열세를 극복하고, 웰스톤을 상원의원다운 주류 인물로 보이게 하려고 분투 중이었지만, 힐스먼의 관점은 전혀 달랐다.

힐스먼은 선거 참모들이 진부한 덫에 걸렸다고 생각했다. 틀에 박힌 선거운동을 계속하다 보니 후보자 특유의 강점을 부각시키는 데에는 실패할 수밖에 없다고 보았다. 그러니 TV에 선거광고가 나오면 유권자들은 음소거 버튼부터 누를 수밖에.

힐스먼은 웰스톤에게서 마음을 사로잡는 무언가를 보았다. 하필이면 그 무언가는 다른 참모들이 없애려고 혈안이 된 부분이었다. 7월에 크리스마스 노래를 만들고, 비범죄화 정책으로 마약과 싸운 사람들처럼 힐스먼은 기존의 선거운동이 단조롭고 결함이 있고 지루하다고 여겼다. 다른 참모들은 머리카락이 덥수룩하고, 키가 작고, 감성적인 이 대학교수를 전형적인 상원의원으로 만들려고 애썼지만, 힐스먼은 그런 점들이 웰스톤의 약점이 아니라 오히려 자산이라고 평가했다.

힐스먼은 선거운동을 위축시킨 심각한 자금 문제에 대해서도 걱정하지 않았다. 20 대 1까지 벌어진 상대 후보와의 자금 격차를 줄이려 헛수고를 하는 대신 광고를 20배 더 잘 만들면 된다고 생각했다. 웰스톤이 상원의원다운 헤어스타일을 갖춘 전형적인 후보처럼 보이지 않는 것을 걱정하는 대신 유권자들이 믿고 좋아하고 신뢰할 수 있는 인물, 주변에서 흔히 보는 인물이라는 점을 부각시키면 된다고 여겼다.

힐스먼은 다른 참모들의 의견에 조금도 개의치 않고 이전에 아무도 만들지 않았을 법한 광고 제작에 착수했다. 그는 '재빠른 폴'이란 카피에서 출발했다. 광고의 배경 화면이 병원, 학교, 강둑으로 바뀌는 동안 웰스톤은 프레임을 넘나들며 달리고, 속사포처럼 빠르게 말했다. 웰스톤은 자기는 경쟁자처럼 돈이 수백만 달러 있는 게 아니라서 30초 분량 광고에 모든 것을 담으려면 말을 빨리 할 수밖에 없다고 했다. 실제로 그는 그 30초 동안 가족, 자신의 배경, 주된 정책을 모조리 소개하고 선거를 보통 사람과, 거대 자금이 투입된 이해관계의 대결로 규정했다.

그 광고는 그동안 유권자들이 수백만 번이나 보았던 수많은 후보자들의 선거광고가 아니었다. 화면을 가로질러 달리는 정치인은 처음이었다. 돈이 없다는 걸 대놓고 홍보하는 정치인도 처음이었다. 속사포처럼 말을 쏟아 내는 정치인도 처음이었다. 그 광고는 **달랐다**. 음소거 버튼을 누를 필요가 없었다. 재미있고 기억에 남았다. 광고가 전달하려는 메시지가 귀에 쏙쏙 들어왔다. 이 '웰스톤이란 인물은 진실한 사람이다.'

광고 효과를 파악하려면 선거운동본부에 여론조사를 요청해야 했지만 힐스먼은 그러지 않았다. 일단 그만한 돈이 없었고, 굳이 여론조사를 하지 않아도 데이터를 모을 수 있다고 판단했기 때문이다. 그는 식당, 야구장, 거리를 돌아다니면서 사람들의 대화에 귀를 기울였다. 광고가 먹혔다면 분명 사람들이 화젯거리로 삼을 터였다. 광고가 사람들의 입에 오르내리지 않는다면 효과가 없다는 뜻이었다.

힐스먼은 첫 광고에 이어 '루디를 찾아서'라는 2탄을 만들었다.

웰스톤이 경쟁자인 루디 보슈위츠Rudy Boschwitz 현 상원의원을 찾기 위해 미네소타 주 구석구석을 뒤진다는 설정이었다. 당시 보슈위츠는 웰스톤과의 토론을 거부한 채 주로 워싱턴에서 지내고 있었다. 보슈위츠에게 웰스톤은 개표와 함께 흔적도 없이 제거될 사소한 골칫거리에 불과했다.

힐스먼의 2탄 광고는 정치광고의 규칙들을 철저히 무시했다. 30초가 아니라 2분 분량으로 제작되었고, 표준적인 논점을 전혀 담고 있지 않았다. 광고에서 웰스톤은 상대 후보의 선거운동본부를 찾아가 보슈위츠 상원의원이 있냐고 묻는다. 보슈위츠가 부재중이라는 사실을 확인한 웰스톤은 적진의 직원에게 후보자 토론을 해야 한다고 생각하느냐란 질문을 던진다. 그 직원은 얼굴이 굳어지면서 대답을 거부한다. 웰스톤은 또 접수원에게 펜을 빌려 전화번호를 적은 다음 보슈위츠에게 전해 달라고 하고는, 자기네는 가난해서 이런 좋은 펜을 살 수 없으니 가져도 되냐고 묻는다. 경쟁자의 선거운동본부를 나온 후에도 웰스톤은 루디가 있을 법한 곳을 계속 뒤지며 그를 찾아다니고, 받지 않는 전화를 건다.

이쯤 되자 화제가 되지 않을 수 없었다. 눈길을 떼려야 뗄 수 없는 광고였다. 이처럼 긴 정치광고가 전에는 없었던 이유는, 기존 영상을 짜깁기한 화면과 진부하기 짝이 없는 시시한 내용을 2분 동안 참고 보라는 것이 무리였기 때문이다. 하지만 이 광고는 너무나 흥미로워서 눈을 뗄 수 없었다.

웰스톤 선거운동본부는 자금난 탓에 이 광고를 단 한 번밖에 방송하지 못했다. 하지만 워낙 흥미로운 내용이라 지역 및 전국 뉴스에 소개되었고, 한 번만 보면 선명히 뇌리에 새겨졌다.

폴 웰스톤은 호감 가고 싹싹하고 웃긴 사람으로, 무엇보다 매우 진실한 인물로 그려졌다. 반면 화면에 전혀 등장하지 않는 보슈위츠는 지역구에 얼굴도 내밀지 않으면서 젠체하는 워싱턴 종족으로 비쳐졌다.

'루디를 찾아서'는 한 광고 업계지에 의해 사상 최고의 정치광고로 선정되었고, 그 광고의 강한 파급력에 당황한 보슈위츠는 웰스톤과의 토론에 동의하기에 이르렀다. 웰스톤 선거운동본부로서는 토론 자체가 돈 한 푼 들이지 않는 광고 기회였다. 이를 통해 웰스톤은 워싱턴 내부자와 경쟁하는 진실한 사람이라는 줄거리를 더욱 탄탄하게 다졌다.

힐스먼은 웰스톤이 일반 후보들과 다른 점을 문제로 간주하면 40퍼센트포인트 차이로 질 것으로 확신했기에 바로 그 다른 점을 중심으로 선거운동을 전개했다. 웰스톤은 개표 결과 4만 7천 표 차이로 보슈위츠를 누르고 당선되었다.

20년이 흐른 지금, 힐스먼은 정치광고가 거의 나아진 것이 없다는 점에 놀라움을 표시한다. "리서치 중심, 정형화, 극도의 반복 일색입니다. 예술적인 부분이 없어요. '이것은 정치광고다'라고 이마에 써 붙이고 있는 꼴이죠. 그런 걸 왜 보겠어요? 30초 동안 더 가치 있는 일을 하면 되죠." 그는 정치광고 제작자들이 사람들을 짜증나게 만들면 자기 후보에게 투표하게 만들 수 있는 것처럼 행동한다고 지적했다. "만약 실생활에서 그런 기법을 사용하면 창문 밖으로 내동댕이쳐질걸요."

전형적인 정치광고의 메시지는 '나는 다른 후보들과 똑같은 사람입니다'이다. 눈에 띄는 정치광고를 만들고 싶다면 어떻게 해야 할까? 힐스먼은 "그저 반대로 하면 됩니다. 모두들 보여 주기 두려워하는 면들을 강조하면 되지요"라고 말했다.

'척하기'도 해결책이 될 수 있다

제2차 세계대전 중인 1944년 겨울, 미국은 모든 가용자원을 군에다 쏟아부었다. 탱크와 항공기, 무기를 최대한 생산했고, 병사들이 입대 후 훈련을 받고 해외로 파병되는 속도도 전대미문이었다. 그런데도 군 지휘부는 너 많은 조력을 필요로 했다.

미군은 8000킬로미터 떨어진 두 개의 전장에서 싸우는 중이었다. 병사들이 더 필요했고 무기가 더 필요했다. 항상 더 필요했다. 하지만 더 늘리는 것은 불가능했다. 투입 가능한 모든 자원은 이미 투입된 상태였다.

미군 병력을 늘리는 유일한 길은 기다리는 것이었다. 하지만 기다리는 것도 불가능했다. 적은 점점 강해지고만 있었고, 적의 정복욕도 점점 거세게 불타올랐다.

문제를 들여다보면 도무지 답이 없었다. 더 필요한데 더 가질 방법이 없었다. 더 가지려면 기다려야 하는데 기다릴 수가 없었다. 탈출구가 보이지 않는 순환고리였다.

하지만 상황을 완전히 뒤집어서 보면—미군이 1944년에 그렇게 했듯—답이 있었다. 군의 핵심은 규모가 큰 것도, 강한 것도 아니다. 이기는 것이다. 크고 강하게 보이는 것은 분명 승리에 도움이 된다. 위세를 과시하면 겁을 주어 적의 행동에 영향을 줄 수 있다. 그래서 군 지휘부는 계략을 짰다. 더 많은 병력과 탱크를 동원할 수 없다면 그런 **척하는 것**도 효과적이라고 판단했다.

미군은 상상력을 무기로 싸우는 전사들로 대대를 만들어 23본부특수부대를 창설했다. 예술학교, 광고 에이전시, 건축 사무소, 영화 제작사 등에서 충원된 그들의 임무는 필요한 곳에 가상의 육군 대대병력을 만들어 내는 것이었다. 23특수부대는 전투 없이 전쟁에서 싸웠다. 그들은 적군을 교란하고 지연시킴으로써, 적이 미국의 진짜 공격에 대응하지 못하게 함으로써 수만 명의 목숨을 구했다.

패션 디자이너 지망생인 빌 블라스Bill Blass, 훗날 추상표현주의 화가가 된 엘즈워스 켈리Ellsworth Kelly를 비롯한 수백 명의 창의적 공상가들은 필요시 동원 가능한 대규모 병력이 존재한다는 다면

적 인상을 만들어 내는 것에, 자기들 말로 '분위기'에 공을 들였다.

그들은 위에서 내려다보면 진짜처럼 보이는, 공기를 주입한 가짜 탱크, 지프, 항공기들을 만들어 독일군 정찰기들을 속였다. 수송 트럭 100대가 프랑스의 어느 도시를 요란하게 통과하는 것 같은 장면을 연출해—실제로는 트럭 2대가 시내를 한 바퀴 돌고 그 지점을 계속해 통과하는 것이었지만—대규모 병력이 움직이는 인상을 심었다. 켄터키 주 군 기지인 포트 녹스에서 녹음한 엔진의 굉음, 기어가 철걱거리는 소리를 방송해 대규모 병력이 접근하는 느낌을 풍겼다. 또 23특수부대 병사들이 프랑스 술집에서 취중실수로 임박한 공격계획을 큰 소리로 떠들어 댄다는 식의 작은 연극들을 연출하기도 했다. 가짜 건설현장을 만들어 다리 등을 놓는 시늉을 해서 가상의 전투 경로를 적에게 일부러 노출시키기도 했다. 이런 식으로 23특수부대는 프랑스, 룩셈부르크, 벨기에, 네덜란드, 독일에서 적을 교란했다.

마지막으로 펼친 큰 작전에서는 미군의 라인 강 도하를 지원해 독일을 굴복시키는 최후의 국면을 열었다. 실제 도하 지점은 레마겐이었지만, 23특수부대는 하류 115킬로미터 지점인 피어센에 대한 '공격'을 준비했다. 피어센 작전에는 수천 대의 가짜 탱크와 지프, 온갖 음향 효과, 가짜 다리 건설은 물론 대량의 사상자 발생에 대비하는 척하는 가짜 의료시설까지 동원되었다. 훗날 미국 육군의 한 장성은 라인 강 위장 전술이 수만 명의 목숨을 구했다고 말했다.

23본부특수부대는 창의력이 올린 개가였다. 그런 팀을 꾸린 것도, 전력이 강한 것처럼 보이게 한다는 과제를 수행할 때 구성원 개개인이 마음껏 상상력을 발휘할 수 있도록 자유를 준 것도 창의적 발상이었다.

무시무시한 독일 군수 장비에 가짜 탱크와 패션 디자이너 빌 블라스로 맞서는 장면을 그려 보라. 전쟁에 나가 싸우는 것과는 정반대라는 느낌이 든다. 23특수부대가 그토록 잘 통한 이유가 거기에 있었다.

핵심 정리

반대 방향으로 시선을 돌리면 새로운 가능성과 독창적인 아이디어가 눈에 들어온다. 반대쪽을 보았기 때문에 약점으로 간주되었던 부분을 내세워 무명의 후보를 상원의원에 당선시켰고, 거짓 정보를 흘려 전쟁에서 승리하는 데 힘을 보탤 수 있었다. 마약 소지에 대한 처벌 수위를 낮춰서 마약 사용을 줄였고, 땀이 줄줄 흐르는 여름에 만든 곡이었기에 크리스마스 대표곡이 되었다.

정반대를 용인하는 능력은 아무도 볼 수 없는 것을 보는 것이고, 아무도 하지 않았던 것을 하는 것이고, 누구나 부정하는 것을 믿는 것이다. 남들처럼 스스로 설정한 한계에 갇히지 않는 것이다. 반대편을 볼 수 있다면 당신은 문제를 건너뛸 수 있다. 멜 토메, 밥 웰스, 빌 힐스먼처럼 문제가 선물이 될 수도 있다는 점을 안다면 말이다. 문제를 도전으로 인식하면 혁신적인 해결책으로 연결되기도 한다. 포르투갈의 마약전쟁과 제2차 세계대전 당시 미군이 세운 작전이 그랬다.

새로운 답을 고려할 자유를 준다는 것이 뒤집어 생각하기의 위력이다. 로젠버그는 **창의적인 사람들은 반의어에 25퍼센트 더 집중한다**는 점을 통해 그 사실을 보여 주었다.

문제를 거꾸로 뒤집는 것은 정신의 수문을 여는 것과 같다. 수문이 열렸을 때 얼마나 많은 아이디어가 쏟아지는지 보면 그간 당신이 얼마나 많은 것을 가두고 있었는지 깨닫고 깜짝 놀라게 될 것이다.

다른 길로 가려면

리더를 따르지 마라 지식과 경험, 판단력을 갖춘 사람들을 따라가면 최선의 답에 도달할 거라고 생각하기 쉽다. 하지만 리더들 중에는 오랫동안 활동했을 뿐 자질은 부족한 사람도 많다. 한 경제학자가 NFL 감독들의 전략적 결정을 분석한 결과, 특정 시점에서 좀 더 공격적이고 유리한 작전을 선택하지 못한 비율이 89.8퍼센트나 되었다.[3] 논문 투의 표현을 빌리자면, 감독들은 "팀이 승리할 확률을 극대화하는 결정들에서 체계적으로, 분명하게, 중대하게 이탈"해 있었다. NFL의 최고 리더 32명이 특정 시점에 내린 결정 중 89.8퍼센트가 틀린 것이라면, 책임 있는 자리에 있는 인물들이 내놓는 틀에 박힌 해답에 대한 신뢰도 재고해 볼 필요가 있다.

탈선하라 한 학생이 발표를 하다 주제에서 벗어나자 다른 학생들이 조롱하며 외친다. "탈선!" 『호밀밭의 파수꾼 Catcher in the Rye』은 틀에 박힌 사고를 강요하는 학교에서 홀든 콜필드가 겪는 괴로움을 '탈선'이라는 한마디로 압축해 보여 준다. 하지만 홀든의 교실 밖에서는 탈선이 권장되어야 한다. 겉보기엔 관계가 없는 것 같은 관념들을 묶어 보고, 순간적으로 흩어지는 생각들을 모아 보면 독창적인 사고와 독창적인 해결책에 접근할 수 있다. 대담한 답을 모색하는 순간이 오면 주제에서 벗어날 첫 번째 기회를 놓치지 말고 움켜쥐어라.

스스로 생각하라

어떤 생각이 떠올랐을 때 남들에게 말하기 전에 먼저 매직 8볼 Magic 8-ball (운세를 보거나 조언을 구하는 데 사용하는 장난감 − 옮긴이)에다 물어보면 어떨까? 괜찮은 아이디어인지 묻고 볼을 흔들면 '그렇다,' '아니다', '나중에 다시 물어라' 등의 답이 나올 것이다.

매직 8볼에게 아이디어를 평가하게 하거나 희망을 박살내게 하는 게 어리석은 일이라는 건 누구나 직관적으로 알고 있다. 그런데 실은 아이디어를 공유하면서 반응을 보는 데는 매직 8볼이 나을 수도 있다. 매직 8볼은 질문과 무관하게 마구잡이식으로 답을 주긴 해도 최소한 문제를 이중으로 키우지는 않는다.

문제 해결을 위해 당신이 상의하는 사람들은 그 문제의 늪에 같이 빠지며, 문제의 세세한 부분에 얽매인다. 그렇기 때문에 당신이 문제를 넘어설 길을 발견했을 때도 그들은 당신의 해법에서 문제를 찾는다. 이와 달리 매직 8볼이 주는 답의 50퍼센트는 긍정적인 내용이다.

해법을 찾을 기회를 얻으려면 내면의 목소리에 귀를 기울여야 한다. 해답은 당신 안에 있다. 해답을 찾았을 때 당신에게 닥칠 가장 큰 위협은, 누군가 더 큰 목소리로 당신의 목소리를 덮어 버리도록 내버려 두는 것이다.

남들은 안 된다고 할 것이다. 자기들끼리 의심을 공유할 것이다. 당신이 틀려서가 아니라 남들은 본래 그렇게 한다. 그들은 문제를 본다. 그들이 해답을 볼 수 있었다면 벌써 제시하지 않았겠는가?

얽매이지 않는 생각은 힘이다. 해답으로 가는 통로다. 남들의 목소리는 당신의 속도를 늦추는 고삐다.

정말 중요한 순간을 맞았을 때, 한 사람만 있으면 행동을 취하지만 여럿이 모이면 머뭇거리며 의심한다.

지금 귀를 기울여라.

당신은 답을 가지고 있다. 해결책은 당신 내면에 있다. 그 소리를 들어라.

최고의 성과를 이끌어 내는 법

구성원들이 최고의 성과를 내도록 하려면 어떻게 해야 할까? 대개 우리는 해야 할 일을 말해 주고, 보여 주고, 다시 반복해서 말해 준다. 소리를 지르고, 재차 일깨우고, 옆길로 새지 못하도록 선택권을 제한하고, 정신을 딴 데 팔지 못하도록 한다. 바라는 것을 명확히 알려 주고, 그게 아닌 다른 것은 절대 안 된다는 사실을 각인하기 위해 괴롭히고 모욕을 주기까지 한다.

최소한 영화판에서는 그렇다. 감독은 아수라장이 된 세트 한복판에 버티고 서서 고함치며 명령을 내리고, 자기 의도를 화면에 구현하기 위해 세세한 것까지 간섭한다.

진 해크먼, 숀 펜, 팀 로빈스, 모건 프리먼, 힐러리 스웽크에게 아카데미 연기상을 안겨 준 클린트 이스트우드 감독은 정반대였다.

이스트우드는 배우들이 마리오네트처럼 실 끝에 대롱대롱 매달려 있다가 자기가 당기는 대로 움직이는 것이 아니라 연기하기를 바란다. 지시와 고함, 불벼락이 떨어질 것이라는 예감에 질질 끌려 다니는 것이 아니라 촬영에 정신적으로 깊이 몰입하기를 원한다. 최고의 성과는 재능 있는 개인들이 최고의 능력을 끌어내며 일할 때 나오는 것이지, 그들에게 하나의 집단적 비전을 강요하는 데서 나오는 것은 아니라고 믿는다.

이스트우드가 배우들을 지나치게 신뢰했기 때문에, 초기에 몇 몇 배우들은 자기 역량에 오히려 의심을 품었다. 이스트우드의 〈미스틱 리버〉로 아카데미상을 받은 팀 로빈스는 처음에는 감독이 허용하는 자유 때문에 겁이 났다고 털어놓았다. "과연 내가 할 수 있을까? 의심스러웠습니다. 그러다 금방 알게 되었죠. 아, 할 수 있구나."

그런 과정은 출연 배우가 세트장에 들어서기 훨씬 전부터 시작되었다. 이스트우드는 스크린 테스트를 하지 않았다. 줄거리와 배역에 대해 거의 아는 것이 없는 상태에서, 배우들이 역할을 어떻게 해석하는지 보려고 하지 않았다. 그럴 경우 배우들이 최초의 설정에 갇힐 수도 있고, 영화를 위해 그 설정을 충실히 따라야 한다고 생각할 수도 있기 때문이다. 이스트우드는 스크린 테스트 대신 배우들의 이전 출연작들을 보고 자기 작품 속에서 그들이 변신할 폭이 얼마나 될지 가늠했다.

이스트우드의 촬영장은 조용했다. 벨이 울리지도, 스태프들이 소리치며 뛰어다니지도 않았다. 배우의 얼굴 앞에서 클래퍼보드를 치는 일도 없었다. 불쑥 끼어들어 배우들을 놀라게 하고 주의를 흩트리는 건 그 누구에게도 허용되지 않았다.

이스트우드가 원래 조용한 촬영장을 선호하긴 했지만 그런 성향이 두드러진 건 〈사선에서〉에 출연하려고 감독 일을 잠깐 쉬었을 때부터였다. 이스트우드는 말했다. "〈사선에서〉 촬영장에 갔더니 벨이 여기저기서 울리고 있었습니다. 소음이 들리면 분명 신경에 거슬리거든요. 그래서 말했습니다. '왜 이렇게 벨이 울리죠? 불이 난 것도 아닌데.' 소리를 지르는 스태프에게도 말했어요. '느긋하게 합시다. 당신이 소리를 지르면 다른 사람들도 자기 말이 들리게 하려고 소리를 질러야 하잖아요. 조용히 얘기해요. 그러면 모두가 당신을 따라서 조용조용 얘기하게 될 테니까요.'"

최고의 연기는 밖에서 끌어내는 것이 아니라 배우의 내면에서 나온다고 믿기에 이스트우드 감독은 조용히 얘기한다. 그는 모니터를 보며 지시를 내리지 않고 배우를 가만히 지켜본다. 배우에게서 무언가가 느껴지면 자기 의도대로 되었다고 생각한다. 연기에 시시콜콜 간섭하지 않고 말을 아끼고, 한 장면을 끝도 없이 반복해 찍으면서 일일이 배우의 연기를 분석하지 않는다. 사실 그렇게 하려야 할 수가 없다. 무수히 반복해 찍는 일 자체가 없기 때문이다. 한두 번이면 그에게는 충분하다. 배우들은 진이 쭉 빠지는 격정적인 연기를 하면서 같은 장면을 수십 번씩 기계적으로 반복할 걱정을 하지 않아도 된다. 첫 번째 촬영에서 잘 찍으면 그걸로 끝이라는 걸 알기에 처음부터 온 힘을 쏟을 수 있다.

이스트우드의 촬영장에서는 "액션!"이라고 소리치는 일조차 없다. 실생활에서는 "액션!"이라고 소리치는 사람이 아무도 없기 때문이다. 이스트우드는 배우들이 기계처럼 배역으로 전환하는 것이 아니라 항상 자기가 맡은 배역 그 자체로 있기를 바란다. "어째서 감독들이 늘 '액션'이라고 소리쳐야 되는지 이해를 못하겠어요. 그렇게 하면 아드레날린이 솟아나긴 하지만 어떤 장면에선 아드레날린이 필요 없거든요"라고 그는 말했다.

이스트우드는 조용한 몇 마디 말—"이렇게 해 보고 어떻게 되는지 봅시다"—로 시작하거나 손가락을 살짝 돌리는 것으로 촬영을 개시한다. 때로는 배우들이 리허설인 줄 알고 있을 때 찍기도 한다. 자유롭고, 자연스럽고, 편안하게 느낄 때의 연기를 담기 위해서다.

대부분의 영화감독들은 장면을 이중 촬영한다. 카메라 한 대는 최종 상영본을 찍고, 다른 한 대는 감독이 현장에서 찍은 내용을 평가한 뒤 폐기하는 일회용 비디오를 담당한다. 이스트우드는 비디오를 보며 찍은 내용을 점검하려고 촬영을 중단시키지 않는다. 아예 비디오 카피 자체를 만들지 않는다. 한 장면이 끝나면 바로 다음 장면으로 넘어간다는 뜻이다. 그러니 장면의 연결이 자연스러워진다. 배우 입장에서는 다음 장면으로 넘어가기 전에 배역에서 빠져나오는 일을 되풀이할 필요가 없다. 어차피 곧 촬영이 이어질 것이므로.

영화감독 이스트우드의 철학은 매우 단순하다. '방해하지 마라'는 것이다. 함께 일하는 이들에게 최고의 성과를 내는 것을 허용해 주면 그들은 그렇게 한다. 〈밀리언 달러 베이비〉로 아카데미상을 받은 모건 프리먼은 이스트우드의 방식이 자기에게서 최고의 연기를 끌어냈다면서 기업과 팀, 삶을 운영할 때도 그의 방식을 적용할 수 있다고 말했다. "클린트 이스트우드가 오래전에 배운 것, 그리고 우리에게 가르쳐 줄 수 있는 것은 사람들에게 일을 시키려면 간섭하지 말고 혼자 내버려 둬야 한다는 것입니다. 이스트우드가 묻는 건 자기처럼 우리도 준비되었냐는 것뿐입니다."

답을 가진 것은 그녀 자신

고등학교를 마치지 못하고 중퇴하는 아이들이 50퍼센트나 된다는 열악한 상황을 들은 모리스 림 밀러Maurice Lim Miller의 반응은 그야말로 허를 찌르는 것이었다. "나머지 50퍼센트에 대해 알려 주세요. 그 학생들은 어떻게 졸업할 수 있었지요?"

바로 그것이 가난과의 싸움에서 밀러가 취한 기본 관점이었다. 사회복지사인 밀러는 그들이 못하는 것이 아니라 할 수 있는 것에 대해 알고자 했다.

밀러는 전통적인 방식으로 사람들을 가난에서 구제하려 노력해 온 단체를 오랫동안 이끌었다. 그 단체는 사람들의 가정생활속으로 들어가 모든 일에 개입을 했었다. 밀러가 같은 단체 소속의 사회복지사와 함께 가정 방문을 갔을 때의 일이었다. 인종 학살을 피해 해적들이 들끓는 바다를 건너 지구 반대편에서 새 삶을 시작한 난민 가족의 집이었는데, 사회복지사는 제 나이의 배쯤

되는 그 가족의 어머니를 상대로 훈계를 늘어놓았다. 어머니는 가만히 듣고 있었지만 방 건너편의 십 대 아들이 모욕감에 속을 끓이는 게 밀러의 눈에 보였다.

밀러는 그 광경이 정말 터무니없다는 점을 깨달았다. 의도는 선하지만 온실 속 화초처럼 자란 사회복지사가 무한한 힘과 용기로 역경을 헤쳐 온 여성을 훈계하다니. 그래서 밀러는 생각했다. 저 여성은 우리에게 무엇을 가르쳐 줄 수 있을까?

사회복지사는 그 어머니를 훈련받은 방식대로, 그러니까 하나의 사례로, 문제로, 결여된 부분을 통해 정의되는 사람으로 보았다. 그 여성에게는 지금 당장 가족을 부양하는 데 필요한 돈이 없었고, 사회복지사는 그 문제를 처리하기 위해 간 것이었으니까.

클린트 이스트우드가 배우에게 연기하는 방법을 얘기하는 것에 대해 의문을 품었듯, 밀러는 가난한 사람에게 가난한 삶에 대해 말하는 장면을 보고 흠칫 놀랐다.

밀러는 자기가 이끄는 단체에 국한된 문제는 아니라고 생각했다. 거의 모든 사회복지 단체들이 가난에 대해 동일한 방식으로 이해하고 있는 것 같았다. "빈곤층에 대한 고정관념—소득이 낮다는 건 곧 파탄 상태라고 보는—이 너무 강하기 때문에 저소득 가정에 관심을 두지 않거나 그 가족들에게서 배울 것이 있다는 생각은 아예 하지 않습니다"라고 밀러는 말했다. 그 자신의 경험에 비추어 보면 정책 입안자, 전문가, 단체, 활동가, 보조금 분배자 등 모두가 같은 관점에서 빈곤층을 바라본다.

밀러는 가난한 집안 출신이었다. 그의 어머니는 끼니를 마련하는 것도 힘겨워했지만 수치심 때문에 도움을 청하지 못했다. 밀러는 어머니의 눈을 통해 가난을 보았고, 그 난민 가족 및 망가졌다고 간주되는 사람들의 눈으로 상황을 보았다. 그는 남을 돕는 사람들이 자부심과 자기결정권, 통제력을 그 대가로 취한다는 걸 알고 있었다. 도움을 받는 쪽에서는 거의 대부분 무언가를 포기해야 한다. 도움을 주는 사람들의 생각, 문제 중심 사고방식을 받아들여야 한다. 밀러는 빈곤층을 보는 시선에 관해 "필요에 초점을 맞추면 그들의 강점을 보기 어려워집니다. 또한 가난한 이들도 자기 강점을 보기 힘들어집니다"라고 말했다.

밀러는 그런 사고방식을 깨고 싶었다. 그의 표현을 빌리자면, 우리는 눈가리개를 벗어 던져야 한다. 아무 근거도 없이 가난한 사람들에게는 뭔가가 결여되어 있다고, 그들에게는 삶의 방향을 일러 주어야 한다고 전제해서는 안 된다. 밀러는 빈곤층 문제에 관한 기본 정의를 내던짐으로써 전적으로 새로운 접근법을 취할 수 있었다.

그는 오클랜드의 20여 가정을 대상으로 가정자립프로그램을 도입했다. 사회복지사를 한 명도 고용하지 않았고, 참여 가족들에게 방향을 제시하지도 않았다. 대신에 그는 그들에게 **물었다**. 가족 구성원들에게 하고 싶은 일을 물었고, 그 꿈을 이루기 위한 계획은 무엇인지 물었다. 계획이 무엇입니까? 그 다음엔 무엇을 할 겁니까?

그는 대상 가정들을 세 집단으로 나누어, 같은 집단에 속한 가정들이 비슷한 어려움을 공유하며 서로를 돌보는 사회연결망이 되도록 했다. 집단별로 매달 한 번씩 모임을 열었고, 각 가정의 목표와 실행 방식을 점검하면서 계속 세부적인 질문만을 했다.

한편 함께 일하는 직원들에게는 한 가지 확고한 규칙을 강조했다. 누구에게도 무엇을 해야 하는지, 어떻게 해야 하는지 말하지 말라는 것이었다.

밀러의 예산은 전면적 사회복지 개입이 이루어질 경우에 일반적으로 지급되는 가구당 지원금과 비교하면 몇 분의 일 수준이었다. 하지만 그는 각 가정에 컴퓨터 한 대씩을 주고 매달 200달러를 임시 보조금으로 지원하기만 해도 그들이 목표를 향해 가는 데 도움이 될 것이며 궁극적으로는 엄청난 변화가 일 것이라고 믿었다. "가난한 사람들이라고 해서 아래로 아래로 떨어지기만 하는 건 아닙니다. 그들에게 필요한 건 그물이 아니라 도약판입니다."

효과는 놀라웠다. 가구 소득이 치솟았고, 가족들은 처음으로 저축을 하기 시작했다. 약 3분의 1의 가정이 나름의 사업을 시작했다. 게다가 효과는 돈에만 국한되지 않았다. 밀러의 방식은 자포자기와 고립의 비극적 결합을 거의 끊어 냈다. 참여 가족들 중에서 의지할 수 있는 친구들이 있다고 밝힌 이들이 2년 만에 3배나 늘어서 91퍼센트에 달했다.

참여 가족들이 내디뎠던 발걸음은 작아 보였지만 결과는 엄청 났다. 샌프란시스코의 싱글맘 타마라를 보자. 일정한 직업이 있었지만 매달 집세와 생활비를 내느라 허덕였던 타마라는 프로그램에 합류했을 때 버스 기사가 되는 것이 목표라고 밝혔다. 버스 기사가 되기 위한 구체적인 계획을 질문받자 운전학원에 가서 버스 운전 자격증을 따기 위해 단계별로 할 일을 이야기했다. 매달 다른 가족들과의 만남이 예정돼 있었기 때문에 그녀는 일종의 책임감을 느꼈다. 진지하게 목표를 추구하며 앞으로 나아가고 있다는 사실을 보여 주고 싶었다.

운전학원에 다니려면 일주일간 일을 쉬어야 했으므로 타마라는 월급이 줄 것을 대비해 우선 돈부터 모았다. 학원에 등록해서는 우수한 성적으로 교육을 마치고 일주일 만에 버스 운전 자격증을 땄다. 새 직장에서 월급을 받게 되자 그녀는 마음이 한결 편해졌다. 월급날이 오기 전에 돈이 떨어질 거라는 공포심이 사라졌다. 타마라는 집 계약금 마련을 위한 저축을 시작했고, 약 2년 뒤에는 가족들을 이끌고 처음으로 마련한 '내 집'으로 이사했다.

밀러는 남들이 가난에 관해 이구동성으로 하는 말에 귀를 기울이지 않았기에 가정자립프로그램을 만들었다. 요즘 그가 참여 가족들에게 요구하는 건 그들 자신의 소리를 들으라는 것뿐이다. "저는 타마라의 인생에 대해 답을 가지고 있지 않았습니다. 답을 가진 건 그녀 자신이었어요."

자기 자신의 소리에 귀 기울이기

당신은 소비자 선호도 조사에 참여했다. 새로운 종류의 게임이나 퍼즐 등을 보고 마음에 드는지 답하면 된다. 별다른 수고 없이 약간의 사례비를 받을 수 있고, 시간도 그리 많이 걸리지 않는다.

정해진 장소로 갔더니 문 앞에 한 여자가 서 있다. 그녀는 시장조사원이다. 당신에게 신상품들을 보여 주고 평가를 들을 거라고 한다. 여자를 따라가다 보니, 문이 열려 있는 사무실 하나를 지나치게 된다. 책상과 의자, 서류장이 있는 평범한 사무실이다. 커다란 책장에는 파일과 종이뭉치가 높이 쌓여 있다.

여자는 당신을 그 사무실 옆 회의실로 데려간다. 회의실은 흘끗 본 사무실과 사실상 같은 방이었는데, 접이식 칸막이로 공간을 구분해 두었다.

여자는 당신의 관심사와 구매 습관에 관한 질문지를 내밀며 답을 적어 달라고 한다. 그동안 자신은 옆 사무실에서 일을 보고 오겠다고 한다.

질문지를 훑어보고 있자니 접이식 칸막이 너머에서 여자가 서류를 뒤적이는 소리가 들린다. 서랍 여닫는 소리도 난다.

4분쯤 지났을까, 칸막이 너머에서 여자가 무언가를 움직이는 것 같은 소리가 난다. 아무래도 여자가 의자 위로 올라가는 것 같다. 책장 위쪽 칸에서 뭔가를 꺼내려는 듯하다. 잠시 후, 쿵 소리와 함께 비명 소리가 들린다. 의자가 부서진 걸까? 여자가 떨어진 것 같다.

"아, 이런, 내 발… 발이… 발이… 움직이지 않아. 아, 발목이…." 여자가 흐느낀다. "이걸… 치울 수가 없어…." 책장이 여자의 몸 위로 쓰러진 게 틀림없다. 여자의 울음과 신음 소리가 계속 들린다.

당신은 어떻게 할 것인가? 접이식 칸막이를 젖히고 어떤 상황인지 볼 것인가? 아니면 밖으로 나가서 사무실 문을 통해 들어갈 것인가? 도움이 필요한지 큰 소리로 여자에게 물어볼 것인가? 그대로 자리에 앉은 채 걱정만 하고 있을 것인가?

짐작하겠지만 바로 이것이 실험의 핵심이다. 퍼즐이나 게임 신상품 같은 건 없다. 불과 몇 미터 거리를 두고 사고 장면을 주의 깊게 연출한 뒤 당신이 도와주는지 보려는 것이다.

실험 결과, 일어나서 도와주러 간 사람들과 자리에 앉아 있었던 사람들 사이에는 한 가지 중요한 차이가 있었다. 질문지에 답하는 동안 회의실 공간에 홀로 있었던 사람들은 여자를 돕기 위해 신속히 움직였다.[1] 그러나 그 공간에 다른 사람들도 있었던 경우에는 대개 아무 움직임도 보이지 않았다. 혼자 있었던 참가자들은 다른 사람들과 같이 있었던 참가자들보다 여자를 돕기 위해 움직인 비율이 10배나 높았다.

어째서 이렇게 확연한 차이가 나타나는 걸까? 두 집단 모두 심상치 않은 일이 벌어진 것을 암시하는 소리를 들었다. 쿵 소리, 신음 소리, 비명은 녹음된 것이었으므로 동일했다. 또 두 집단 모두 여자와 겨우 몇 미터 거리에 있었다. 무슨 일이냐고 물어보려고 자리에서 일어날 필요조차 없을 정도로 가까운 거리였고, 접이식 칸막이였으므로 문을 열고 밖으로 나가지 않아도 되었다. 그런데도 옆에 누군가가 있다는 이유만으로 많은 사람들이 도움이 필요하냐고 묻는 행동조차 하지 않았다. 왜?

"방관자들은 행동에 앞서 지침을 구하며 서로를 쳐다보았다."

위의 실험을 진행했던 빕 라타네Bibb Latané와 주디스 로딘Judith Rodin은 이렇게 썼다. 다른 사람이 옆에 있을 때는 다친 여자가 도움을 청한다는 것 외에 감안해야 할 요소가 한 가지 더 있었던 것이다. 그것은 바로 남들과의 비교였다. 이것이 과연 올바른 행동인가? 과잉반응은 아닌가? 내 행동을 남들이 어떻게 볼까? 다른 사람들과 있을 때, 우리는 내 반응이 정당하다는 평가를 받고 싶어 한다.

라타네와 로딘은 이렇게 썼다. 두 사람 이상이 같이 있을 때는 "긴급 상황을 알리는 소리를 들은 경우에, 왜 그런 소리가 났는지 이유를 파악하고 취할 행동을 결정하려 하면서도 명백히 혼란스러워하고 불안한 모습을 보였다. 그들은 자꾸만 서로를 슬쩍 쳐다보면서 다른 사람들의 반응을 파악하려 하면서도, 눈을 마주치거나 자기의 불안을 드러내는 것은 꺼렸다." 이는 옆에 다른 사람들이 있으면 사고를 암시하는 소리에 관심이 없다는 뜻이 아니다. 올바른 방식으로 그 상황과 관련을 맺으려 했다는 뜻이다.

아무도 도와주러 오지 않을 경우, 시장조사원 역을 맡은 여자는 몇 분 뒤에 절뚝거리며 문을 열고 회의실로 돌아갔다. 그런 뒤 자기가 곤경에 처했을 때 왜 아무 반응도 보이지 않았느냐고 물었다. 이때 남들이 어쩌는지 보려고 기다렸다고 말한 사람은 한 명도 없었다. 단 한 명도 없었다.

이것이 바로 집단 투항의 진정한 위력을 보여 주는 대목이다. 자신의 생각과 우선순위를 남들의 뒤에 놓았을 뿐만 아니라, 주체성을 포기하고 백기를 들었다는 사실을 의식조차 하지 못한다.

비명을 묵살했던 참가자들은 절뚝거리며 돌아온 여자에게 사과하지 않았다. 자신을 되돌아보지도, 앞으로는 독자적으로 생각하겠다고 다짐하지도 않았다. 그들은 자신들의 행위가 잘못된 것이라는 사실을 깨닫지 못했다. 집단의 나머지 구성원들이 용인한 범위 안에서 행동했기 때문이다.

반면 혼자 있었던 참가자들은 딱히 머뭇거리는 모습을 보이지 않았다. 이스트우드의 배우들, 밀러의 프로그램에 참여했던 사람들을 이끌었던 것과 동일한, 분명한 내면의 소리가 그들을 빨리 행동하게 만들었다. 그들은 그 분명한 내면의 소리를 듣고 도움을 주려고 나섰으며 어떻게 해야 하는지 판단해 행동으로 옮겼다. 이처럼 우리가 자기 자신의 소리에 귀를 기울인다면 또 다른 문제에 감싸인 문제의 덫에 갇히지 않을 수 있다. 우리 자신의 목소리를 들으면 해결책으로 도약할 수 있다.

라타네와 로딘은 "다수 속에 있으면 안전하다고 느낄지도 모른다. 하지만 이 실험은 위기 상황에서 가장 바람직한 구경꾼의 숫자는 '하나'라는 점을 시사한다"라고 결론을 내렸다.

한 명의 구경꾼은 스스로 생각하고 행동한다. 한 명의 구경꾼은 순수하게 반응한다. 자기 입장을 남들과 견주지 않으며 남들의 의향에 비추어 자기를 평가하지 않는다. 누군가가 책장에 깔렸을 때든, 위험하고 수치스러운 삶에서 빠져나오려 할 때든 강하고 결정적인 행동을 취하는 데 가장 알맞은 숫자는 '하나'다.

성매매 여성은 어떻게 자신의 운명을 거부했을까

한번 창녀는 영원히 창녀라니까.

미란다가 '성실하게 살고 싶다'는 얘기만 꺼내면 어김없이 가시 돋친 말이 쏟아졌다. 다른 일을 찾고 싶다고 말할 때마다 동료들은 왜 그것이 절대 불가능한지 이유를 줄줄이 늘어놓으며 설교했다. 다행히 일자리를 찾았다고 쳐. 이 일만큼 벌 수 있을 것 같아?

네가 그런 틀에 박힌 생활에 적응할 수 있을 거라 생각해? 네가 꿈꾸는 작고 예쁜 집? 정말로 거기서 잔디를 깎고 울타리나 칠하며 살 거라고?

미란다는 그대로 성매매 여성으로 살 수도 없고, 벗어날 수도 없는 처지였다. 동료들은 너나없이 문제─그녀의 생활이자 자신들의 생활─에 눈길을 주었고, 순순히 운명을 받아들이고 포기하라고 했다.

미란다는 동료들의 체념 어린 부정을 견디기 힘들었지만 그렇다고 그들이 틀렸다는 것을 증명할 길도 없었다. 정상적인 삶을 향한 첫걸음을 어떻게 내딛어야 할지 알 수 없었다. 할 일을 찾아두지 않은 채, 심지어 계획도 없는 상태에서 무작정 그만둔다는 건 너무 위험해 보였다. 그렇다고 머릿속에 딴생각이 가득한 채로 그 일을 계속하는 것은 너무 암담했다. 미란다는 원하는 것을 실현시킬 방법을 알 수 없었다.

한편 그녀에게는 남다른 취미가 있었다. 스트레스를 풀고, 유머를 즐기고, 약간의 승리감까지 누릴 수 있어 기분전환에 더할 나위 없는 취미였다. 미란다는 그 일에 '1인 성매매 진상조사반'이라는 이름을 붙였다. 그 일을 하려면 나름의 전문지식과 요령, 미심쩍은 것을 파헤치는 탐정 기질이 필요했다.

그녀는 그 지역 매춘업계의 사기와 속임수를 하나씩 차례로 들추었다. 예컨대 온라인상에서 미심쩍은 사진을 발견하면─조명이 너무 근사하거나, 각도가 몹시 신중하게 연출되었거나, 같은 구역에서 일하는 여성이라기에는 배경이 너무 이국적이고 이질적인 경우 등—조작 가능성을 염두에 두고 사진의 원본을 찾아 인터넷을 뒤졌다. 그러다 보면 다른 도시의 다른 성매매 여성들이 그 사진을 올려놓은 사례가 심심찮게 발견되었다.

미란다는 가짜 사진들을 모아 나름의 온라인 데이터베이스를 만들었다. 그 사진에 혹해서 연락하면 전혀 다른 여성이 나타날 거라고 자신의 고객들에게 경고하기 위해서였다. 실제로 가짜 사진은 고객을 문간으로 유인하기 위한 미끼에 불과했다. 일단 거기까지만 오게 만들면 사진과 다른 여성이 나타나도 고객들이 등을 돌리고 가 버리지 않을 거라는 점을 노린 속임수였다.

미란다는 또 일할 때 쓰는 가명을 바꾼 성매매 여성들을 추적했다. 사기 냄새가 나는 것 같은 한 여성이 쓴 여러 가명을 특정한 뒤, 고객들이 올린 그 여성에 대한 평가를 모았다. 많은 경우, 이름을 바꾸는 것은 고객들의 불만이나 먹튀 사기에 따른 악평을 묻어 버리려는 방편이었다. 먹튀의 전형적인 사례는 호텔 방을 잡아야 한다며 전액을 선금으로 요구한 뒤에 고객에게 열쇠를 넘겨주지 않고 뒷문으로 자취를 감춰 버리는 수법이다. 아파트로 불러 돈을 받은 뒤 여성이 몸을 씻겠다며 욕실로 들어가면 다른 방에서 격분한 남자친구가 튀어나오며 고객에게 소리를 지르기도 한다. 그런 일을 당한 고객은 고스란히 돈을 떼일 수밖에 없다.

미란다는 경찰의 올가미에 관한 단서를 찾는 데도 정성을 기울였다. 고객더러 자기가 있는 곳으로 오라고 하면서 경력과 가격을 모호하게 얼버무리는 여성이 등장할 경우, 그녀는 레오 아저씨—경찰관—가 낸 광고로 점찍었다. 경찰은 함정수사로 몰리는 걸 피하려고 지나치게 내용을 자세히 기재하는 걸 꺼린다. 또 상황 통제를 위해 고객의 방문을 고집하는 것도 경찰의 특징이다.

성매매가 어차피 거짓말과 속임수로 얼룩진 사업이란 것쯤은 미란다도 알고 있었다. 하지만 반드시 그래야 할 필요는 없었다. 남들이 속임수를 쓸 때마다 그녀는 고객과의 신뢰를 유지하면서 돈을 벌기가 점점 힘들어질 뿐이었다. 따라서 가짜들을 가려내 온라인상에서 스포트라이트를 비추는 건 꽤 신나는 일이었다.

미란다는 일종의 성매매 사업 개선본부를 운영해 이중의 소득을 얻었다. 첫째, 그녀 덕분에 사기, 절도 피해를 모면하거나 체포 위기에서 벗어난 다수 고객들로부터 로열티를 받게 되었다. 둘째, 그 취미 덕분에 성매매 시장에서 안전하게 빠져나올 수 있었다.

계기는 미심쩍은 어느 성매매 알선 웹사이트였다. 공들여 조사했지만 심증 이상의 구체적인 것을 밝히지 못했던 미란다는 정보기술 전문가들과 해커들이 모이는 게시판에 도움을 청했다. 그녀는 '인터넷 판매 사기'를 밝히고 싶다며 의심스러운 웹사이트의 정체를 폭로하는 걸 도와 달라고 했다.

수많은 댓글들이 이어졌고, 그중에는 미란다가 그 사이트의 코딩을 읽어 내고 근원지를 밝히는 데 도움을 주는 내용도 있었다. 그런데 게시판에 감사 인사를 올리자 직접 연락해 달라고 요청한 사람이 있었다.

해커들 중 한 명이 그녀의 직업을 알아채고 미란다를 더 힘들게 만들지도 몰랐다. 하지만 그녀는 한번 믿어 보자는 심정으로 바로 메시지를 보냈다.

그랬다. 상대는 미란다의 직업을 알고 있었다. 하지만 그 사람이 연락했던 이유는 그녀를 괴롭히려는 것이 아니라 새 일자리를 제안하기 위해서였다. 온라인 평판 관리업체를 운영하는 그는 고객사들의 경쟁업체들이 소비자 평가를 조작해 시장을 흔드는 걸 방지하는 일을 했는데, 미란다가 조작을 날카롭게 캐내는 것을 보고 일자리를 제안한 것이다.

그 온라인 평판 관리업체 대표는 전화로 자세한 내용을 알려 주었다. 수입은 꽤 두둑했고, 근무 시간은 조정 가능했으며, 옷차림에도 엄격한 제한이 없었다. 상대의 말이 채 끝나기도 전에 입 밖으로 긍정적인 대답이 튀어나오려 했지만 미란다는 억눌렀다. 생각할 시간을 24시간 달라고 하자 상대는 흔쾌히 승낙했다. 그녀는 그 24시간을 혹시 사기일 가능성을 검증하는 데 썼다. 하지만 그 남자 및 남자가 말한 회사에는 조금도 수상한 점이 없었다. 미란다는 그날로 하던 일을 그만두었다.

그녀는 절대 그 세계에서 발을 빼지 못할 거라던 옛 동료들을 경멸하지 않는다. 동료들은 미란다가 할 수 있는 일이 무엇인지 몰랐을 따름이었다. 그녀 자신도 모르지 않았던가. "하지만 저는 절대 주저앉지 않았습니다. 그 일 말고는 아무것도 할 게 없다고 절대 생각하지 않았어요. 제가 옳았던 거예요."

남들이 하는 건 하지 마라

조 쿨롬Joe Coulombe에게는 창업 당시에, 또 이후 약 30년 동안 지침으로 삼았던 한 가지 원칙이 있다. '남들이 모두 하는 건 하지 마라.'

트레이더 조스Trader Joe's는 이런 차별화 전략에 힘입어 충성고객들을 확보했다. 그의 고객들은 그릭 요거트, 피타 크래커 등 다른 곳에서는 구할 수 없는 상품에 열광한다. 현재 트레이더 조스는 미국 31개 주에서 체인점을 운영 중인데, 트레이더 조스가 없는 곳으로 이사한 열혈 고객들이 매장을 열어 달라는 대규모 청원 운동까지 벌일 정도다.

그러다 보니 이 회사의 매장 1제곱피트당 매출은 슈퍼마켓 업계 1위이고, 소비자 만족도 역시 1위다. 안정적인 수익 덕분에 여느 경쟁사들과는 달리 부채가 전혀 없으며, 체인점 개설 비용보다 들어오는 현금이 더 많다.

이 모든 것들이 경쟁자들과 달라야 한다는 원칙에서 비롯되었다. 쿨롬이 트레이더 조스를 창업한 1950년대는 슈퍼마켓들이 초대형 매장으로 변신하던 시기였다. 하지만 트레이더 조스는 일반적인 매장 넓이의 5분의 1 정도에서 출발했고, 이후에도 그 정책을 그대로 유지했다.

쿨롬이 처음에 트레이더 조스의 콘셉트를 구상할 당시, 업계 친구들은 매장 규모와 취급 품목을 늘려야 살아남을 수 있다고 조언했다. 소비자들은 한 곳에서 원하는 물건을 몽땅 사는 것을 선호한다는 거였다. 일반 슈퍼마켓의 코너 두 개 정도 규모의 상점으로는 곧 잊히고 말 거라고 했다.

하지만 쿨롬은 자기가 가진 것으로 해 나갈 수 있으며 나아가 그것을 장점으로 만들 수 있다고 믿었다. 그 슈퍼마켓 코너 두 개를 잊을 수 없는 것으로 만들면 그만 아닌가?

사실 트레이더 조스의 매장 규모는 우연이 남긴 유산이었다. 창업 전에 쿨롬은 남부 캘리포니아에서 편의점 매장들을 운영하다 참담한 실패를 맛봤다. 그의 매장들은 격렬한 경쟁 속에서 고사했고, 그의 심정은 이를테면 유소년 야구단의 투수에게 삼진을 당한 LA다저스 선수와 같았다. 그는 스탠포드 MBA 출신이었다. 이전 직장에서 편의점에 관한 모든 것을 배웠고, 그 회사의 신규 매장 개설 작업을 마친 뒤 전망이 워낙 좋아 보여 상점들을 직접 매수한 터였다. 당연히 엄청난 성공을 거뒀어야 했다. 그랬는데 가장 단순한 사업에서 보란 듯이 실패하고 말았다.

매장으로 사람들이 몰려들게 하려면 어떻게 해야 할까? 영업비용이 낮은 대규모 체인들을 이길 길이 보이지 않았다. 하지만 잠깐. 이렇게 하면 어떨까? 편의성과 낮은 가격을 지켜내는 한편 어디서나 파는 껌, 감자 칩 등을 없애고 다른 곳에서는 살 수 없는 물건들로 채워 넣으면?

그는 다른 슈퍼마켓에서는 살 수 없는 특이한 식품 위주로 매장을 열었다. 특별히 좋아하는 와인이나 소스나 크래커나 치즈를 여기서 발견한다면 그 고객은 계속해서 오지 않을까? 게다가 그의 매장들은 규모가 작아 잠깐 들르기에 편했다. 장보기 목록의 일부밖에 살 수 없다 해도 소비자들은 그다지 불편하게 여기지 않았다.

컨설턴트들은 매장 규모 문제를 해결하라고 몇 년 동안 거듭 조언했다. 여느 슈퍼마켓에서 취급하는 품목 중 트레이더 조스에는 없는 것들이 너무 많아 이익을 스스로 제한하고 있으며 틈새시장을 넘어 확장할 기회를 잃고 있다는 것이었다. 후무스(병아리콩으로 만든 중동 음식 – 옮긴이)는 열 종류나 되는데 맥주는 한 종류도 없다니, 그런 식으로 해서는 한계가 너무 분명하지 않은가?

조의 생각은 달랐다. 편의점을 운영했던 경험에 비추어 봤을 때, 어디서나 살 수 있는 물건들을 들여놓으면 소비자들이 굳이 조의 작은 매장을 찾지 않을 터였다. "저희가 강점을 가진 품목이 아니면 정책적으로 취급하지 않기로 했습니다"라고 그는 말했다. 차별화에 도움이 되지 않는다면 무슨 소용인가? 원칙을 고수하는 과정에서 조는 경쟁에 의해 흔들리지 않는 든든한 관계를 소비자들과 맺었다.

조는 매장 직원들과도 독특한 관계를 구축했다. 최저임금 선의 보수, 엄격히 특화된 노동 분업 등 업계의 표준화된 관례를 깨고 정반대 방향으로 움직였다. 그는 상점이 입지한 지역의 중간소득에 맞춰 직원들의 연봉을 책정했다. 전 직원들에게 고객의 필요에 부응하는 것이 최우선이라는 책임감을 심어 준 결과, 계산대의 줄이 길어지면 손이 비는 직원이 알아서 계산대를 맡거나 식품을 봉투에 담았다. 이런 투자가 어떤 결실을 거두었는지 확인하는 데는 굳이 MBA 학위가 없어도 충분했다. 보수가 좋고 업무 책임감이 높기 때문에 직원들의 애사심이 강하고 이직률이 슈퍼마켓 업계에서 가장 낮다. 직원 개개인이 매장과 상품들을 훤히 꿰고 있어 소비자 입장에서도 더 좋은 서비스를 받을 수 있다.

약간의 모험도 고객들의 발길을 트레이더 조스로 끄는 요인이다. 상품이 제한적이긴 해도, 꾸준히 새로운 품목이 들어오고 기존 상품 중 어떤 것들은 모습을 감춘다. 조의 상점에 들르면 몹시 마음에 드는 새로운 제품을 발견할 가능성이 항상 있는 셈이다. 트레이더 조스의 구매 담당자들은 어디서나 볼 수 있는 유행 제품이 아니라 아직 수면으로 떠오르지 않은, 새로운 트렌드를 반영하는 새로운 상품을 고객들에게 제공한다.

"그런 점에서 저희는 전통적인 식료품점은 아닙니다." 조는 말했다. "슈퍼마켓보다는 오히려 패션업에 가까워요. 모든 사람들이 틀렸다고 했을 때에도 저는 제가 분명히 옳다고 생각했어요. 덕분에 우리는 남다른 색깔을 갖게 되었지요."

핵심 정리

클린트 이스트우드가 배우들에게서 오스카상을 받은 명연기를 이끌어 낸 것은 감독의 생각에 매 순간 신경을 곤두세우지 않도록 해 주었기 때문이다. 모리스 림 밀러가 사람들의 삶을 변화시킬 수 있었던 것은 각자 나름대로 최선의 해답을 갖고 있다고 믿었기 때문이다. 트레이더 조스가 업계에서 독보적인 위치를 굳힌 것, 미란다가 꿈을 실현한 것은 남들과 똑같이 하라는 말에 귀를 기울이지 않았던 덕분이다.

주위 사람들은 당신의 문제를 분명하게 볼 수 있으며, 기회가 주어진다면 당신의 해답 속에서도 문제를 볼 것이다. 더 중요한 것은, 조심하지 않으면 생각하는 일을 남들에게 맡기게 된다는 것이다. **곤경에 처한 사람을 보았을 때 도움을 줄 확률은 혼자 있을 때가**

남들과 같이 있을 때보다 10배나 더 높다. 왜냐하면 스스로 생각할 때 우리는 해답을 보다 분명하게 볼 수 있기 때문이다.

'정지' 표지판이 도로를 뒤덮고 있는 반면에 '전진' 표지판은 전무한 이유도 이 때문이다. 앞으로 나아가는 것은 자연스럽고 무의식적인 반응이다. 자신의 목소리에 귀를 기울인다면 당연히 앞으로 나아가는 것을 선택하게 되어 있다. 반면에 멈추라는 것은 남들이 당신에게 하는 말이다.

당신이 가진 답을 발전시키려면

비판을 무시하라 앞으로 비판을 받는 일이 생기면 한번 무시해 보라. 비판을 걱정하지 말고 반응도 보이지 마라. 아예 거기에 대해 생각을 하지 마라. 컴퓨터 서비스 업체인 오라클의 CEO 래리 엘리슨은 멋지고 혁신적인 아이디어를 떠올린 사람은 "모든 사람들로부터 멍청이란 소리를 들을 각오를 해야 합니다"라고 했다. 실제로 그가 오라클에서 중요한 결정을 내렸을 때 비난이 쇄도하지 않은 적은 단 한 번도 없었다. "일방적으로 말도 안 되는 딱지를 붙이고는 그게 기정사실이라도 되는 듯 비난을 쏟아 내기도 하지요." 그래서 그는 의심스러운 시선들을 묵살한다. "저는 그냥 흘려듣습니다. 남들이 헐뜯는다고 해서 제가 옳다고 생각하는 행동을 고칠 순 없으니까요."

마음챙김에 힘써라 토론토 대학교의 한 연구팀이 실험 참가자 절반에게는 판단을 천천히 내릴 것, 새로운 아이디어에 선뜻 마음을 열 것 등 마음챙김mindfulness 원칙을 가르치고, 나머지 절반에게는 가르치지 않았다. 그런 뒤 주의를 산만하게 하는 실험을 했다. 주기적으로 불쾌한 사진을 제시하면서 참가자들이 얼마나 과제에 집중하는지 측정했다. 그 결과 마음챙김 원칙을 배우지 않은 이들은 쓸모없고 부정적인 사진들에 주의가 쏠려 낭비한 시간이 276퍼센트나 더 많았다.[2] 지금 잠시 틈을 내어 마음을 연다는 것이 무엇인지 생각해 보자. 다르게 보기를 스스로에게 허용해 보자. 마음챙김을 해 보자. 중요하지 않은 것에 낭비하는 시간이 줄어들고, 자기 생각에 집중할 수 있는 길이 열릴 것이다.

물로 무엇을 할 수 있을까

동일본여객철도는 초고속 열차를 내세워 경쟁사들을 제치고 내달렸다. 요즘 동일본여객철도의 연간 이용 인원은 60억 명을 상회한다. 시간당 320킬로미터로 달리는 초고속 열차들은 자동차와의 비교를 거부하는 속도를 자랑하며, 일부 지역에서는 열차와 비행기의 시장점유율이 99 대 1로 압도적인 우위를 보이고 있다.

일본의 지리적 요건은 철도회사에 결코 유리하지 않다. 고전적인 책 『일본의 명산 100곳 100 Famous Japanese Mountains』에 이름이 언급되지 않은 산이 1천 개가 넘는다.

동일본여객철도가 주요 도시들을 잇는 최단 경로는 그 많은 산들을 에두르거나 넘는 것이 아니라 통과하는 것이다. 따라서 터널을 건설하는 기술은 필수였고, 그것도 빠르고 값싸게 놓는 기술이 필요했다.

이 회사가 도쿄에서 북서쪽으로 190킬로미터 떨어진 다니가와 산을 뚫을 때쯤에는 터널 건설에 이골이 난 상태였다. 하지만 다니가와 산은 여느 산과 달랐다. '죽음의 산'이라는 별명만 봐도 선뜻 덤벼들 일이 아니었다. 에베레스트처럼 높은 산은 아니었지만 극심한 기상 변화와 급격한 경사 탓에 전 세계에서 암벽 등반가들의 목숨을 가장 많이 앗아간 산으로 알려져 있었다.

이번에도 동일본여객철도는 산을 에두르지 않고 통과하려고 했다. 하지만 다니가와 산을 관통하는 터널에 물이 차서 동일본여객철도는 말 그대로 발이 꽁꽁 묶이고 말았다. **그야말로 문제였다.**

현장의 엔지니어들은 지원을 요청했다. 어떻게 하면 됩니까? 어떻게 하면 됩니까? 회사 고위층들은 이맛살을 찌푸리며 상황을 면밀히 검토했다. 하지만 사고의 중심에 문제를 놓고 출발하면, 가장 두드러진 최악의 방해물에 시선이 고정되어 최선의 답이 생각의 범위에서 밀려나는 법이다. 터널을 채운 물은 분명 문제였다. 그래서 그들은 공격 계획을 수립했다.

처음엔 터널을 방수 상태로 만들려고 했다. 하지만 방수 처리를 하는 와중에도 물이 새어 들어왔다. 어쩔 수 없이 물을 터널 밖으로 빼내기 위한 배수관 및 송수관을 놓는 계획으로 옮겨갔다. 그 방법밖에 없었다. 비용이 많이 들고 시간도 오래 걸리는 계획이었지만, 회사 내의 그 어떤 엔지니어나 관리자도 더 좋은 아이디어를 내놓지 못했다.

　문제 중심 사고의 본질이 그것이다. 만사를 문제를 기준으로 규정하는 것이다. 문제가 허용하는 수단을 적용하고, 문제가 제안하는 조치를 취한다. 문제가 한정한 범위를 벗어나지 못한다. 아무리 골똘히 들여다봐도, 아무리 많은 전문가들을 투입해도 문제는 여전히 문제로 남아 있으며 대안은 발견되지 않는다. 동일본 여객철도는 큰 손해를 보고 작업 지연을 감수해야 할 입장에 처했다.

　만약 문제에서 출발하지 않았더라면 어땠을까? 애초에 물을 **문제**로 생각하지 않았더라면? 그렇다면 물로 무엇을 할 수 있을까?

　터널 굴착장비의 보수를 맡은 한 정비공은 물을 어떻게 할지 걱정하지 않았다. 그건 그가 할 일이 아니었고 그의 문제도 아니었다. 그래서 그는 물을 전혀 다른 관점에서 보았다. 어느 날 목이 말랐던 정비공은 몸을 굽혀 물을 한 입 가득 삼켰다. 지금껏 마셔본 물 중에서 가장 맛있는 물이었다. 그는 다시 한 모금 벌컥벌컥 마신 뒤 동료들을 불렀다. 이 물은 정말 맛있어. 병에 담아서 팔아야겠어.

　정비공은 상사에게 그 이야기를 했고, 상사는 또 그의 상사에게, 그 상사는 엔지니어들에게 이 이야기를 전했다. 그런 식으로 이야기는 회사 고위층까지 전달되었다. 그 결과 동일본여객철도의 자회사인 오시미즈 워터가 탄생했다.

알고 봤더니 터널을 채운 물은 다니가와 산을 덮은 눈이 수십 년에 걸쳐 지하 지질층으로 스며든 것이었다. 건강에 좋은 광물질들을 함유한 데다 자연 그대로의 순수한 맛이 났다.

초기에 동일본여객철도는 그 물을 자사의 철도역 자판기에서 팔았다. 그러다 워낙 인기가 많아서 가정용 생수까지 생산하게 되었다. 광고는 물맛과 '다니가와 산의 눈에서 온 물'의 순수함을 내세웠고, 소비자들의 열띤 호응으로 생수 자회사는 연 매출 7500만 달러(약 850억 원)를 기록했다.

그런데 물을 판매할 생각을 한 엔지니어는 왜 한 명도 없었을까? 그들은 그런 생각을 하지 못하도록 훈련받았다. 그런 생각을 하지 못하도록 자랐다. 물을 문제로 보는 데 몰두했기 때문에 그 물이 자산이 되는 구조에는 생각이 미치지 않았다. 엔지니어들은 물이 찬 다니가와 터널에서 수십 년 더—퇴직할 때까지—일했더라도 물 자체가 물 문제의 해결책이 될 거라고는 상상도 하지 못했을 것이다.

우리는 자신을 깎아내리면서 소수의 선별된 사람들만이 특별한 아이디어를 낼 수 있다고 여긴다. 하지만 문제라고 규정하고 출발하지 않는다면, 문제가 선택을 한정하도록 허용하지 않는다면 무엇이든 해결할 수 있다.

그 엔지니어들처럼 우리도 열심히 일하고 문제를 정면에서 공격하라고 배웠다. 그것이 상식이다. 하지만 철저히 틀렸다. 문제를 우선시하려는 충동은 무언가를 만들기 전에 손에 수갑부터 채우는 것이라는 점을 깨달아야 한다. 문제 중심 사고는 내딛는 한 걸음 한 걸음을 더욱 힘겹게 만들고, 아주 사소한 문제에 대응할 때조차 우리가 성취할 수 있는 것을 제한한다.

동일본여객철도의 엔지니어들이 회사의 돈을 낭비하기로 작정한 것은 아니었다. 오히려 그 반대였다. 하지만 그들은 **문제**를 해결하기 위해 불려 갔고, 학교에서도 문제를 해결하도록 교육받았으므로 소매를 걷어붙이고 최선을 다했다. 단, 문제가 설정한 한계 안에서 말이다.

그 한계를 벗어난다고 상상해 보자. 최대 난제를 자산으로 변화시킨다고 상상해 보자. 당신은 할 수 있다. 문제가 규정하는 시야에 갇히지 마라. 그래야 그 문제를 해결할 수 있을뿐더러 출발 지점보다 더 나은 곳에 서게 된다. 문제가 있었기 때문에 더 좋아진다. 이제 동일본여객철도에서는 그 누구도 다니가와 터널 속의 물을 두고 불평하지 않는다. 그저 그 물을 마시고 수익을 계산할 뿐이다.

| 감사의 말 |

이 책을 쓰는 일이 골치 아픈 문제의 연속이었다고 말해야 한
다면, 독자 여러분께 책의 주제를 자신 있게 강조하지 못할 것이
다. 다행히 그렇지는 않았다. 몹시 즐거웠다. 내가 그런 즐거움을
누린 것은 세인트 마틴스 프레스의 여러분 덕분이다. 그들은 내
아이디어를 높이 사 주었고, 그 아이디어가 독자에게 잘 전달되도
록 도와주었다. 니콜 아지레스는 글 쓰는 이가 편집자에게 가장
바라는 세 가지, 곧 열정과 통찰력과 인내심을 보여 주었다. 로라
체이슨, 칼린 힉슨, 로라 클라크, 앨리슨 프라스카토르를 비롯한
세인트 마틴스 프레스의 전 팀원들에게 감사드린다. 내 에이전트
인 샌디 코론은 첫 문장을 쓰기도 전부터 열광적으로 기대를 나
타냈다. 샌디의 열정과 지지에 감사드린다. 멀린다 처치는 탁월한
견해와 핵심 짚기, 피드백으로 내가 포기하지 않고 작업을 계속
할 수 있게 도와주었다. 인내와 유머로 작업 과정에 대한 이야기
에 귀를 기울여 준 마이클 보엔, 재러드 포트, 벤 릴런드, 조던 젠
틸레에게도 감사드린다.

276

| 참고문헌 |

머리말

Making of Jaws: *Jaws: The Inside Story*, Biography Channel (2009); Joseph McBride, *Steven Spielberg: A Biography*, Cambridge, MA: Da Capo Press (1999); and Steven Spielberg, interview by *Ain't It Cool News* (June 6, 2011).

1장

Ben Curtis: Bob Harig, "Ben Curtis' Title the Upset of All Upsets," ESPN.com (July 12, 2011); Doug Lesmerises, "Kent's Ben Curtis Enters Memorial Tournament with That Winning Feeling," *Cleveland Plain Dealer* (May 31, 2012); Paul Weber, "Golf: Victory Long Time Coming for Curtis," Associated Press (April 23, 2012).

Philip Schultz: Philip Schultz, "Words Failed, Then Saved Me," *New York Times* (September 3, 2011); Philip Schultz, *My Dyslexia*, New York: W. W. Norton & Company (2011); Philip Schultz, interview by *Talk of the Nation* (September 6, 2011).

2장

Seinfeld: Craig Tomasoff, "Programmers Keep Shows' Prospects in Focus (Groups)," *New York Times* (May 11, 2012); Andy Robin, "Innovation Story Studio," BusmessInnovationFactory.com (n.d.); "Forever Seinfeld," *People* (May 14, 1998); Dennis Bjorklund, *Seinfeld Reference: The Complete Encyclopedia with Biographies, Character Profiles, and Episode Summaries*, Coralville, IA: Praetorian Publishing (2012); Rob Owen, "Test Audiences Still Have Sway in the

Launch of a TV Series," *Pittsburgh Post-Gazette* (September 17, 2006); Ina Fried, "NBC's Zucker: 'Seinfeld' Wouldn't Make It Today," *CNET* (May 28, 2009); Jason Gots, "Seinfeld's Producer: Listen to Your Gut," *Big Think*, July 2 , 2012; Ken Levine, "My Talk with Warren Littlefield," Kenlevine.blogspot.com (November 5, 2012).

Albert Einstein: Walter Isaacson, *Einstein: His Life and Universe*, New York: Simon & Schuster (2007); Ruth Moore, *Niels Bohr: The Man, His Science, and the World They Changed*, New York: Knopf (1966); Hans Ohanian, *Einstein's Mistakes: The Human Failings of Genius*, New York: W. W. Norton (2008); David Rowe and Robert Schulmann, *Einstein on Politics*, Princeton, NJ: Princeton University Press (2007).

3장

John Lennon: John Borack, *John Lennon: Life Is What Happens*, Iola, WI: Krause Publications (2010); Max Davidson, "A Poor School Report Is No Barrier to Success," *The Telegraph* (October 10, 2012); David Shelf, "Playboy Interview: John Lennon and Yoko Ono," *Playboy* (January 1981); Jacqueline Edmondson, *John Lennon: A Biography*, Westport, CT: Greenwood Press (2010); John Lennon, *In His Own Write*, New York: Simon & Schuster (1964); Claire Cohen, "Churchill? A Troublemaker. Lennon? A Useless Clown. And as for That Girl Thatcher...," *The Daily Mail* (January 10, 2008); Barry Faulk, *British Rock Modernism, 1967-1977*, Burlington, VT: Ashgate Publishing (2010).

Coffee: P&G Sells Italian Coffee Unit. Press release (March 2, 1992); Rachel Larimore, "The Starbucks Guide to World Domination," *Slate* (October 24, 2013); Barton Weitz, "The Starbucks Coffee Company," Case study #36, University of Florida (2008); Mark Pendergrast, *Uncommon Grounds; The History of Coffee and How It Transformed the World*, New York: Basic Books (2010).

4장

Urban Meyer: Wright Thompson, "Urban Meyer Will Be Home for Dinner,"

ESPN The Magazine (August 22 , 2012); Jodie Valade, "Urban Meyer Carries the Inspiration of His Father and a Mentor to Ohio State Football," *Cleveland Plain Dealer* (December 3, 2011); Pete Thamel, "For Coach of Unbeaten Utah, 'It Isn't Just About Football,'" *New York Times* (November 13, 2004).

Smokejumpers: Karl Weick, "The Collapse of Sensemaking in Organizations: The Mann Gulch Disaster," *Administrative Science Quarterly* 38 (1993): 628-52.

5장

Heated prosthetic: Nicole Laporte, "Don't Know How? Well, Find Someone Who Does," *New York Times* (November 26, 2011); Andrew Clay, "WVU Student Working to Help Veterans and Victims of Phantom Pain," WBOY.com (January 30, 2012); "WVU Student Inventor Taking London Stage," Associated Press (February 18. 2012); Joe Manchin, "Tribute to Katherine Bomkamp," *Congressional Record* (June 6 , 2013).

Robert Reich: Robert Reich, *Locked in the Cabinet*, New York: Knopf (1997).

Enron: Rebecca Smith, "Ex-Analyst at BNP Paribas Warned His Clients in August About Enron," *Wall Street Journal* (January 29, 2002); Simon English, "Whistle-Blower Sent Off," *The Telegraph* (January 30, 2002); Shelter Chieza, "The Value of Reputation," *The Herald* (Zimbabwe) (May 22, 2013); David Larrabee and Jason Voss, *Valuation Techniques*, Hoboken, NJ: John Wiley & Sons (2013); Linda Tischler, "Jonathan Cohen: The Analyst," *Fast Company* (April 30, 2002).

6장

Diane Ravitch: Valerie Strauss, "The Diane Ravitch Myth," *Washington Post* (March 3, 2011); Kathryn Schulz, "Diane Ravitch on Being Wrong," *Slate* (May 17, 2010); Sam Dillon, "Scholar's School Reform U-Turn Shakes Up Debate," *New York Times* (March 2, 2010).

College Basketball: Adena Andrews, "Low Scoring the New Normal in College Basketball," CBSSports.com (February 25 , 2013); Ray Glier, "In Men's Basketball, Scoring Suffers in Physical Game," *New York Times* (February 23,

2013).

Michael Swango: James Stewart, *Blind Eye: The Terrifying Story of a Doctor Who Got Away with Murder*, New York: Simon & Schuster (2000); Brent Larkin, "Ohio State University Can't Look the Other Way Forever When Bad News Breaks," *Cleveland Plain Dealer* (October 26, 2013); Ray Lockwood, "Swango to Be Tried for OSU Murders," *The Lantern* (October 16, 2000); "Ex-Doctor to Plead Guilty in Death," Associated Press (September 22, 2000); "How Dr. Michael Swango Became a Poisoner and Outwitted Two Medical Schools," *Cleveland Plain Dealer* (December 19, 1993).

Kaleil Tuzman: *Startup.com*, directed by Chris Hegedus and Jehane Noujaim, Artisan Entertainment (2001); Christopher Steiner, "Startup.com: The Sequel," *Forbes* (October 25, 2010); Rolfe Winkler, "Investors Need a First Aid KIT," *Wall Street Journal* (May 2 , 2012); Dan Nakaso, "Dot-com Survior to Share with Hawaii His Lessons Learned," *Honolulu Advertiser* (April 18, 2002).

7장

Catherine Russell: Catherine Russell, "One Role, with 10,000 Variations," *New York Times* (October 29, 2011); Simi Horowitz, "Catherine Russell Hits 25 Years in Warren Manzi's 'Perfect Crime,'" *Backstage* (April 17, 2012); Aaron Carter, "Behold: Catherine Russell the Off-Broadway Force," Associated Press (March 7, 2013); Daniel Lehman, "Catherine Russell Celebrates 22 Years and 9,000 Performances in 'Perfect Crime,'" *Backstage* (April 16 , 2009); Jason Zinoman, "Still Kicking After 18 Years of Homicide," *New York Times* (October 3, 2005).

Gay Talese: Ryan Kohls, "Gay Talese," *Whatiwannaknow.com* (March 3, 2012); Barbara Lounsberry, "Gay Talese and the Fine Art of Hanging Out," *Creative Nonfiction 16* (2001); Gay Talese, *The Gay Talese Reader*, New York: Walker Publishing (2003); Robert Boynton, *The New New Journalism: Conversations with America's Best Nonfiction Writers on Their Craft*, New York: Vintage (2005) ; Katie Roiphe, "Gay Talese, The Art of Nonfiction," *Paris Review* (Summer 2009).

Railroads: Theodore Levitt, "Marketing Myopia," *Harvard Business Review* (July-August 1960); "What Business Are You In? Classic Advice from Theodore Levitt," *Harvard Business Review* (October 2006); Greg Morcroft and Alistair Barr, "Berkshire Hathaway to Buy Burlington Northern Sante Fe," *MarketWatch* (November 3, 2009); Mary Buffett, "Why Warren Buffett Believes Trains Will Power the Recovery," Huffington Post (March 27, 2013); Warren Buffett, interview by Charlie Rose, *PBS* (November 13, 2009).

Whitey Bulger: Dick Lehr and Gerard O'Neill, *Whitey: The Life of America's Most Notorious Mob Boss*, New York: Crown Publishing (2013); Ted Mann, "Whitey Bulger's Downfall," *The Wire* (October 10, 2011); Shelley Murphy and Maria Cramer, "Whitey in Exile," *Boston Globe* (October 9, 2011).

8장

The Knowledge: "Taxi Drivers' Brains 'Grow' on the Job," *BBC News* (March 14, 2000); Ed Yong, "How Acquiring the Knowledge Changes the Brains of London Cab Drivers," *Discover* (December 8, 2011); Ferris Jabr, "Cache Cab: Taxi Drivers' Brains Grow to Navigate London's Streets," *Scientific American* (December 8, 2011); Andrew Anthony, "Where to, Guv'nor?" *The Guardian* (March 10, 2001); Eric Spitznagel, "Interview with a London Cabbie," *New York Times Magazine* (January 3, 2012).

Linus Pauling: Linus Pauling, *Linus Pauling in His Own Words*, New York: Simon & Schuster (1995).

Vanessa Selbst: Nick Pryce, "Laying Down the Law," *Poker Player* (July 2, 2013); Tim Struby, "Her Poker Face," *ESPN The Magazine* (June 27, 2013).

9장

The Christmas Song: Dale Nobbman, *Christmas Music Companion Fact Book*, Anaheim: Centerstream Publications (2000); Andrew Dansby, "'The Christmas Song' Was Born on a Very Hot Day," *Houston Chronicle* (December 7, 2012); Philip Furia and Michael Lasser, *America's Songs*, New York: Routledge

(2006); Vance Garnett, "Four Famous Singers + Two Songs = A Very Merry Christmas," *Washington Times* (December 14, 2011).

Portugal's Drug Policy: Brian Vastag, "Five Years After: Portugal's Drug Decriminalization Policy Shows Positive Results," *Scientific American* (April 7, 2009); Samuel Blackstone, "Portugal Decriminalized All Drugs Eleven Years Ago and the Results Are Staggering," *Business Insider* (July 17, 2012); Maia Szalavitz, "Drugs in Portugal: Did Decriminalization Work?", *Time* (April 26, 2009); Coletta Youngers and John Walsh, "Drug Decriminalization: A Trend Takes Shape," *Americas Quarterly* (Fall 2009).

Bill Hillsman: Kevin Featherly, "Selling Coke and Pepsi Candidates," *Rake* (August 27, 2004); Chris Landers, "Consultant Profile: Bill Hillsman," *Center for Public Integrity* (September 26, 2006); Jeff Fleischer, "How to Run the Other Way," *Mother Jones* (September 13, 2004); Alexandra Staff, "Reducing the Campaign Snooze Factor," *Christian Science Monitor* (July 6, 2006); Matt Bai, "The Outlaw Strikes Again," *Newsweek* (July 9, 2000).

Special Troops: Neil Genzlinger, "The Military That Was Only for Show," *New York Times* (May 20, 2013); *The Ghost Army*, directed by Rick Beyer, PBS (2013); Megan Garber, "Ghost Army: The Inflatable Tanks That Fooled Hitler," *Atlantic* (May 22, 2013); Lynn Neary, "Artists of Battlefield Deception," National Public Radio (September 25, 2007); Cindy Cantrell, "Telling the Untold Tale of Soldiers Practiced in the Art of Deception," *Boston Globe* (February 23, 2012).

10장

Clint Eastwood: Scott Foundas, "Clint Eastwood: The Set Whisperer," *LA Weekly* (December 19, 2007); Robert Kapsis and Kathie Coblentz, *Clint Eastwood: Interviews*, Oxford: University Press of Mississippi (2013); "Tough Act," *Selling Power* (July 14, 2005); Beth Marchant, "A Long, Wide Look at Eastwood's Craft," *Studio Daily* (January 22, 2013); Amy Taubin, "Interview: Clint Eastwood," *Film Comment* (January 2005).

Family Independence Initiative: Maurice Lim Miller, "Investing in

Homegrown Solutions," *Huffington Post* (May 31, 2012); Maurice Lim Miller, "When Helping Doesn't Help," *Huffington Post* (May 7, 2012); Mary O'Hara, "'Whatever We Are Doing, It Isn't Working,'" *The Guardian* (October 23, 2012); Tammerlin Drummond, "A Refreshingly Innovative Approach to Fighting Poverty," *San Jose Mercury News* (March 11, 2012); David Bornstein, "Poverty Posse," *New York Times* (July 17, 2011); Caroline Preston, "A Veteran Anti-Poverty Activist Finds a Cheaper Way to Achieve Results," *Chronicle of Higher Education* (April 18, 2010).

Trader Joe's: Jesus Sanchez, "Trader Joe's Founder Again on a Solo Path," *Los Angeles Times* (August 12, 1988); Christopher Palmeri , "Trader Joe's Recipe for Success," *Business Week* (February 20, 2008); Glenn Llopis, "Why Trader Joe's Stands Out from All the Rest in the Grocery Business," *Forbes* (September 5, 2011); Beth Kowitt, "Inside the Secret World of Trader Joe's," *Fortune* (August 23, 2010).

결론

East Japan Railways: Christopher Carey, "Companies Are Getting an Idea That Creativity Is Worthwhile," *St. Louis Post-Dispatch* (April 20, 1998); Paul Sloane, "Every Business Problem Is an Opportunity for Innovation," *BQF Innovation* (July 9, 2011).

1장

1. D. Jansson and S. Smith, "Design Fixation," *Design Studies* 12 (1991): 3-11.

2. Ibid.

3. D. Zabelina and Michael Robinson, "Child's Play: Facilitating the Originality of Creative Output by a Priming Manipulation," *Psychology of Aesthetics, Creativity, and the Arts* 4 (2010): 57-65.

2장

1. J. Czapinski, "Negativity Bias in Psychology," *Polish Psychological Bulletin* 16 (1985): 27-44.

2. P. Brinkman, D. Coates, and R. Janoff-Bulman, "Lottery Winners and Accident Victims: Is Happiness Relative?" *Journal of Personality and Social Psychology* 36 (1978): 917-27

3. John Gottman and Lowell Krokoff, "Marital Interaction and Satisfaction: A Longitudinal View," *Journal of Consulting and Clinical Psychology* 57 (1989): 47-52.

4. B. W. McCarthy, "Marital Style and Its Effects on Sexual Desire and Functioning," *Journal of Family Psychotherapy* 10 (1999): 1-12.

5. C. Estrada, A. M. Isen, and M. J. Young, "Positive Affect Influences Creative Problem Solving and Reported Source of Practice Satisfaction in Physicians," *Motivation and Emotion* 18 (1994): 285-99.

3장

1. Stanley Milgram, "Behavioral Study of Obedience," *Journal of Abnormal and Social Psychology* 67 (1963): 371-78.

2. J. Burger, "Replicating Milgram: Would People Still Obey Today," *American Psychologist* 64 (2009): 1-11.

3. M. Landau et al., "Windows into Nothingness: Terror Management, Meaninglessness, and Negative Reactions to Modern Art," *Journal of Personality and Social Psychology* 90 (2006): 879-92.

4장

1. Edward Deci, "Intrinsic Motivation, Extrinsic Reinforcement and Inequity," *Journal of Personality and Social Psychology* 22 (1972) : 113-20.

2. E. L. Deci, "Effects of Externally Mediated Rewards on Intrinsic Motivation", *Journal of Personality and Social Psychology* 18 (1971) : 105-15.

3. C. Slotterback, H. Leeman, and M. Oakes, "No Pain, No Gain: Perceptions of Calorie Expenditures of Exercise and Daily Activities," *Current Psychology* 25 (2006): 28-41.

5장

1. Solomon Asch, "Studies of Independence and Conformity," *Psychological Monographs* 70 (1956): 1-70.

2. M. Bazerman, A. Tenbrunsel, and K. Wade-Benzoni, "Negotiating with Yourself and Losing: Making Decisions with Competing Internal Preferences," *Academy of Management Review* 23 (1998): 225-41.

3. M. Ruef, "Strong Ties, Weak Ties and Islands: Structural and Cultural Predictors of Organizational Innovation," *Industrial and Corporate Change* 11 (2002): 427-49.

6장

1. R. Knox and J. Inkster, "Postdecision Dissonance at Post Time," *Journal of*

Personality and Social Psychology 8 (1968): 319–23.

2. D. Dunning, D. Griffin, J. Milojkovic, and L. Ross, "The Overconfidence Effect in Social Prediction," *Journal of Personality and Social Psychology* 58 (1990): 568–81.

3. M. Slepian and N. Ambady, "Fluid Movement and Creativity," *Journal of Experimental Psychology: General* 141 (2012): 625–29.

7장

1. Thomas Ward, "Structured Imagination: The Role of Category Structure in Exemplar Generation," *Cognitive Psychology* 27 (1994): 1–40.

2. S. Ritter et al., "Diversifying Experiences Enhance Cognitive Flexibility," *Journal of Experimental Social Psychology* 48 (2012): 961–64.

8장

1. Walter Mischel, Yuichi Shoda, and Monica Rodriquez, "Delay of Gratification in Children," *Science* 244 (1989): 933–38.

2. Walter Mischel and Nancy Baker, "Cognitive Appraisals and Transformations in Delay Behavior," *Journal of Personality and Social Psychology* 31 (1975): 254–61.

3. O. Ayduk et al., "Regulating the Interpersonal Self: Strategic Self-Regulation for Coping with Rejection Sensitivity," *Journal of Personality and Social Psychology* 79 (2000): 776–92.

4. A. Leung et al., "Embodied Metaphors and Creative 'Acts,'" *Psychological Science* 23 (2012): 502–9.

9장

1. Albert Rothenberg, "Word Association and Creativity," *Psychological Reports* 33 (1973): 3–12.

2. Albert Rothenberg, "Opposite Responding as a Measure of Creativity," *Psychological Reports* 33 (1973): 15–18.

3. D. Romer, "Do Firms Maximize Value? Evidence from Professional Football," *Journal of Political Economy* 114: 340-65.

10장

1. Bibb Latané and Judith Rodin, "A Lady in Distress: Inhibiting Effects of Friends and Strangers on Bystander Intervention," *Journal of Experimental Social Psychology* 5 (1969): 189-202.

2. C. Ortner, S. Kilner, and P. Zelazo, "Mindfulness Mediation and Reduced Emotional Interference on a Cognitive Task," *Motivation and Emotion* 31 (2007): 271-83.